WILHELM PASSARELLA FREIRE

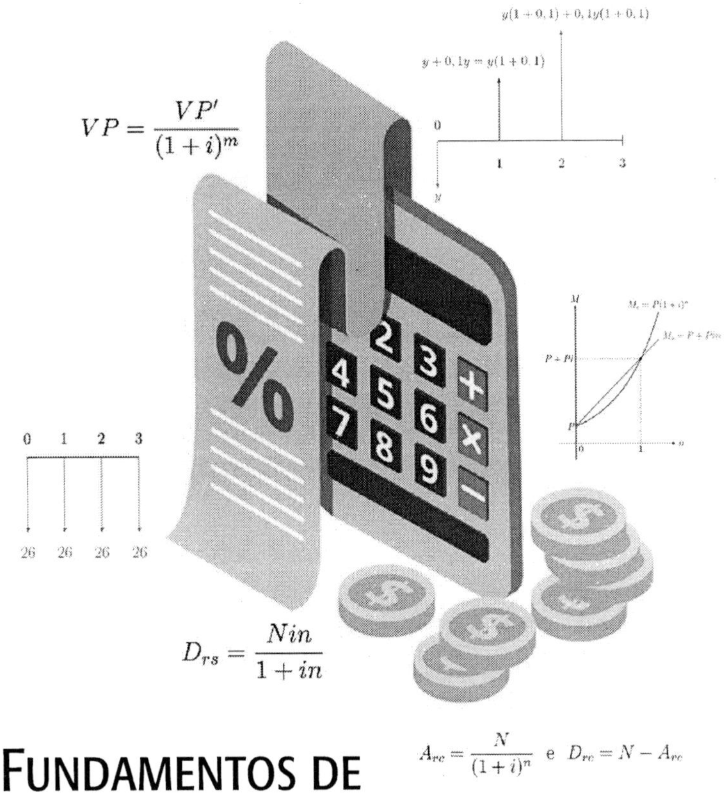

FUNDAMENTOS DE MATEMÁTICA FINANCEIRA

EDITORA CIÊNCIA MODERNA

Fundamentos de Matemática Financeira

Editor: Paulo André P. Marques
Produção Editorial: Dilene Sandes Pessanha
Capa: Daniel Jara
Copidesque: Equipe Ciência Moderna

FICHA CATALOGRÁFICA

FREIRE, Wilhelm Passarela.

Fundamentos de Matemática Financeira

Rio de Janeiro: Editora Ciência Moderna Ltda., 2023.

1. Matemática Financeira
I — Título

ISBN: 978-65-5842-240-2 CDD 513.93

Editora Ciência Moderna Ltda.
R. Alice Figueiredo, 46 – Riachuelo
Rio de Janeiro, RJ – Brasil CEP: 20.950-150
Tel: (21) 2201-6662/ Fax: (21) 2201-6896
E-MAIL: LCM@LCM.COM.BR
WWW.LCM.COM.BR

02/23

Prefácio

Já existem ótimos livros de Matemática Financeira à disposição. A decisão de escrever o presente livro ocorreu após alguns anos ministrando a disciplina Matemática Financeira na Universidade Federal de Juiz de Fora. Nos primeiros cursos, adotei alguns livros, citados na bibliografia. Alguns cursos depois, escrevi uma apostila adequada à ementa da disciplina para que os alunos pudessem utilizar um único material durante as aulas. Devido à aceitação que a apostila obteve por parte dos estudantes e também de alguns colegas que a adotaram em seus cursos e ao crescimento da Educação Financeira, área que tem, cada vez mais, mostrado a importância de sua inserção na educação básica, decidi adaptar a apostila para ser utilizada também por professores e alunos dos ensinos fundamental e médio.

Procurei focar nos fundamentos da matéria e tentei reduzir ao máximo a memorização de fórmulas. Além disso, os exemplos ao longo do livro procuram primeiramente modelar o problema segundo os fundamentos da disciplina para, somente depois, efetuar os cálculos de forma a reduzir a dependência de calculadoras específicas. No apêndice abordei o uso básico da HP12C. Adotei esta postura após observar que muitos estudantes pensam que aprender Matemática Financeira se resume em operar bem uma calculadora financeira, às vezes sem o completo entendimento dos fundamentos por trás daquelas teclas.

Assim, já no primeiro capítulo, o leitor é apresentado às ideias que fundamentam a disciplina e que vão nortear os demais capítulos do livro.

Por fim, agradeço a todos que contribuíram para o aperfeiçoamento do material que culminou neste livro e assumo a total responsabilidade por eventuais erros que possam ser detectados e peço que, se for este o caso, o leitor entre em contato pelo e-mail wilhelm.freire@ufjf.br para que possamos corrigir os erros e aprimorar o livro.

Wilhelm Passarella Freire

Sumário

Capítulo 1. Fundamentos e Notação

A Matemática Financeira analisa o comportamento do dinheiro no tempo. As transações estudadas na Matemática Financeira podem ser resumidas à operação de empréstimo. Uma instituição física ou jurídica que tem disponível uma quantia monetária, também chamada capital, empresta tal quantia a outra instituição por um período de tempo combinado. O emprestador recebe, ao término do prazo combinado ou ao longo deste, além da quantia original, uma remuneração extra chamada juros. Assim como o aluguel de um imóvel pago pelo inquilino ao proprietário, os juros podem ser interpretados como o aluguel do capital emprestado pelo tempo combinado. Quem emprestou é o proprietário do capital e o tomador do empréstimo, que teve o capital à sua disposição, é, nesta interpretação, o inquilino.

O capital é por vezes denominado capital inicial, principal ou valor presente. A soma do valor presente com os juros é chamada montante ou valor futuro.

A razão $\dfrac{\text{juros}}{\text{capital}}$ fornece a taxa de crescimento do capital, chamada taxa de juros.

As notações mais comuns são:

P, C, VP, PV = capital inicial, principal ou valor presente.

S, M, VF, FV = montante ou valor futuro.

$$J = \text{juros.}$$

$$i = \frac{J}{C} = \text{taxa de juros.}$$

$$n = \text{prazo da operação.}$$

Neste texto escreveremos **am** para indicar ao mês, **ab** para indicar ao bimestre, **at** para indicar ao trimestre, **as** para indicar ao semestre, **aa** para indicar ao ano.

Assim, por exemplo, 10% am significa 10% ao mês, 25% aa significa 25% ao ano.

Por simplificação, adotaremos que todos os meses tem 30 dias e, portanto, o ano terá 360 dias.

Exemplo 1.1

O Sr.Kung Fu emprestou R$ 100,00 ao seu amigo, Sr.Fumanchu, que, três meses depois, pagou R$ 120,00. Calcule os juros J e a taxa de juros i pagos pelo Sr.Fumanchu.

$VP = 100$ $\qquad$ $VF = VP + J$

$VF = 120$ $\qquad$ $J = 120 - 100 = 20,00$

$$i = \frac{J}{VP} = \frac{20}{100} = 20\% \text{ at.}$$

A ideia central da Matemática Financeira consiste em compreender que, para os senhores Kung Fu e Fumanchu, a quantia de R$ 100,00 hoje é equivalente a R$ 120,00 daqui a três meses. Digamos que, no momento do empréstimo, o Sr.Kung Fu pretendesse comprar um livro ao preço de R$ 100,00. Diante do pedido do amigo, ele abriu mão do livro naquele momento mas, estimando que 3 meses depois, o livro custaria R$ 120,00, concordou em emprestar o dinheiro desde que recebesse R$ 120,00 ao final do prazo. O importante é observar que, a uma taxa de juros combinada entre as partes, quantias referidas em datas distintas são equivalentes.

Um equívoco grave cometido em Matemática Financeira é acreditar que o dinheiro terá sempre o mesmo valor. O livro que em um determinado momento custaria R$ 100,00 poderá custar R$ 120,00 três meses depois. Outro erro muito comum é somar quantias em datas distintas. Por exemplo, é melhor comprar com 2 pagamentos mensais de R$ 50,00 ou 4 pagamentos mensais de R$ 26,00? A princípio pode parecer que é melhor comprar com 2 pagamentos de R$ 50,00 pois $2 \times 50,00 = 100,00 < 104,00 = 4 \times 26,00$. Entretanto, a resposta vai depender da taxa de juros, como veremos no capítulo 3. A escolha da taxa de juros leva vários fatores em consideração. Pode ser que o Sr.Kung Fu tenha estimado que o livro custaria apenas R$ 110,00 mas pediu R$ 10,00 a mais como forma compensatória por ter de esperar mais 3 meses para ler o livro. Independentemente dos motivos do Sr.Kung Fu, o Sr.Fumanchu achou justo pagar R$ 20,00 a mais para dispor do dinheiro naquele momento. Imaginemos agora que o Sr.Lee, vizinho do Sr.Kung Fu, foi quem solicitou o empréstimo e que o Sr.Kung Fu, por não ter certeza do recebimento, pediu então o pagamento de R$ 150,00 após os 3 meses. Agora, a taxa de juros cobrada pelo Sr.Kung Fu foi de 50% at pois o risco do não recebimento do empréstimo foi também levado em consideração.

Capitalização

Capitalização é processo que calcula o valor futuro adicionando-se os juros ao valor presente.

Exemplo 1.2

Suponha que você aplique R$ 1.000,00 em um banco que paga 10% de juros ao ano. Quanto você terá ao final de um ano?

$VP = 1.000$ $\qquad$ $VF = VP + J = VP + i \times VP$

$i = 10\%$ aa = 0,1 aa $\qquad$ $VF = 1.000 + 0,1 \times 1.000 = 1.000 + 100 = 1.100,00.$

Tipos de Juros

Os juros são classificados em simples ou compostos.

Juros Simples

Os juros de cada período são calculados sempre em função do capital inicial.

Juros Compostos

Os juros de cada período são calculados em função do saldo existente no início do período correspondente.

São juros compostos que, em geral, são usados em operações financeiras. Juros simples aparecem somente em algumas situações especiais. Neste texto, quando o regime de juros não estiver especificado, considerar-se-á juros compostos.

Exemplo 1.3

Evolução de R$ 100,00 a juros simples de 10% aa durante 4 anos:

ano	início do ano	juros	fim do ano
1	100,00	10,00	110,00
2	110,00	10,00	120,00
3	120,00	10,00	130,00
4	130,00	10,00	140,00

Evolução de R$ 100,00 a juros compostos de 10% aa durante 4 anos:

ano	início do ano	juros	fim do ano
1	100,00	10,00	110,00
2	110,00	11,00	121,00
3	121,00	12,10	133,10
4	133,10	13,31	146,41

Fluxo de Caixa

Diagrama de Fluxo de Caixa

O Diagrama de Fluxo de Caixa (DFC) é a representação gráfica das operações financeiras em uma linha de tempo crescente a partir da data inicial da operação.

Representaremos as entradas de capital por setas verticais apontadas para cima e as saídas de capital por setas verticais apontadas para baixo.

Exemplo 1.4

Uma aplicação financeira de R$ 1.000,00 realizada pelo prazo de 4 meses permitiu resgatar R$ 1.100,00. Pede-se desenhar o DFC.

DFC - Instituição Financeira

DFC - Investidor

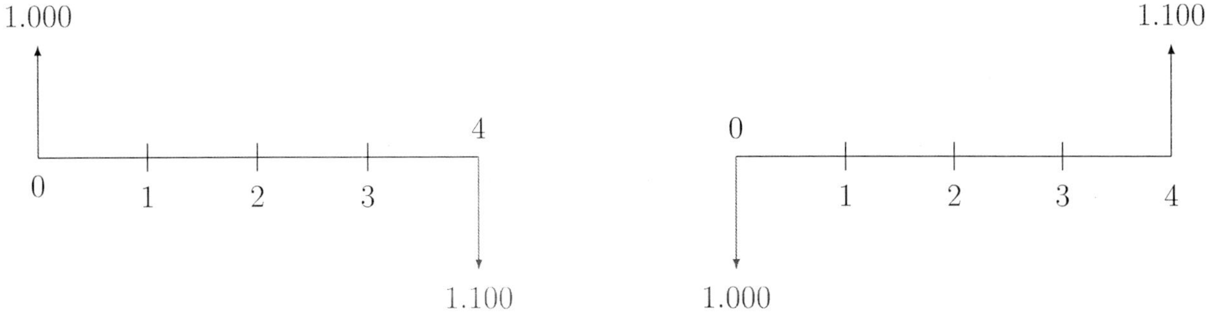

Exemplo 1.5

Represente o DFC das seguintes operações financeiras:

a) um investidor aplicou R$ 50.000,00 e recebeu 2 parcelas trimestrais de R$ 40.000,00, sendo a primeira após 9 meses.

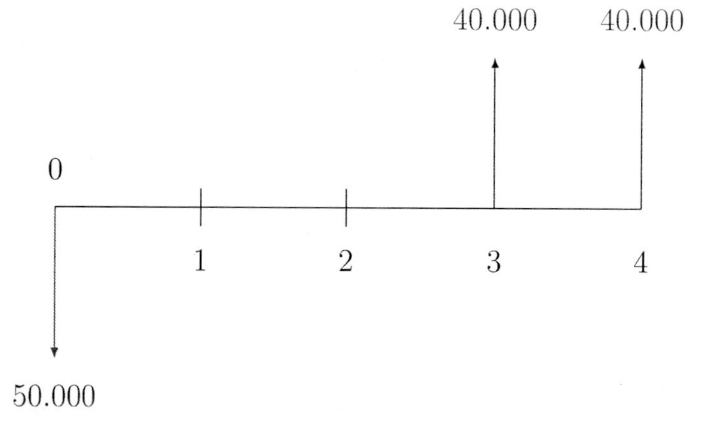

b) uma pessoa, durante um ano, fez depósitos de R$ 1.000,00 em caderneta de poupança, sempre no início de cada mês, que renderam, ao final deste ano R$ 15.000,00.

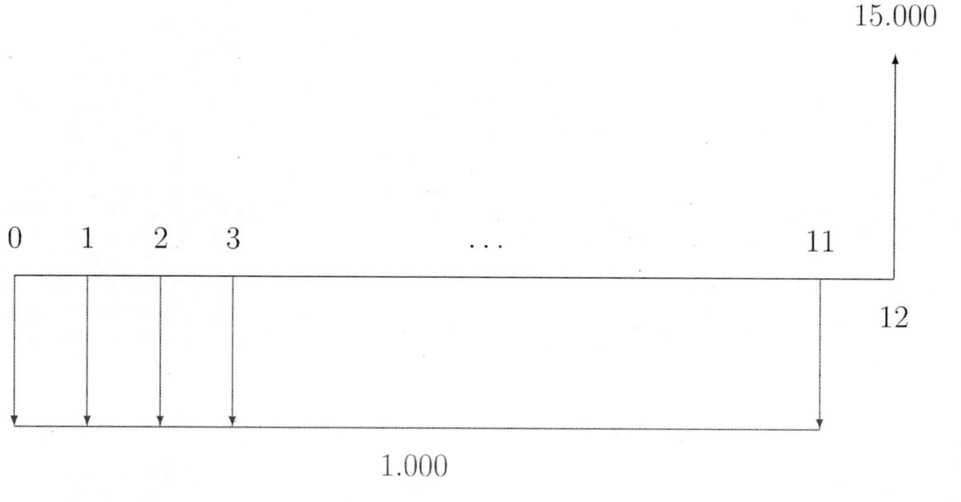

Valor Presente e Taxa de Desconto

Quando calculamos valor futuro, estamos respondendo a perguntas do tipo: quanto teremos daqui a 2 anos se aplicarmos R$ 10.000,00 hoje a uma taxa de juros de 10% ao ano?

Entretanto, vamos supor que desejamos saber quanto devemos investir hoje a fim de alcançarmos um certo objetivo em uma data futura. Por exemplo, se precisamos de R$ 12.000,00 para uma viagem daqui a 2 anos, quanto precisamos aplicar agora? Para responder a este tipo de pergunta é preciso calcular o valor presente de um determinado montante.

O valor presente de um fluxo de caixa é o valor monetário que, na data zero da escala de tempo, é igual à soma dos capitais futuros quando calculados na data zero com uma taxa de juros determinada.

Calcular valores presentes chama-se descontar e é a operação inversa de calcular valores futuros. Dizemos que os capitais futuros foram descontados para o ponto zero e a taxa de juros utilizada é denominada **taxa de desconto**.

O desconto em Matemática Financeira é muito diferente do desconto no comércio. No comércio, desconto significa uma redução no preço de uma mercadoria com o objetivo de vender mais e em Matemática Financeira significa calcular o valor presente de uma quantia que está prevista no futuro.

Exemplo 1.6

Maria planeja uma viagem para daqui a um ano. Na agência de viagens, ela é informada de que a viagem deverá custar R$ 15.000,00. Supondo que Maria pode aplicar seu dinheiro a 15% aa, qual a quantia mínima que Maria precisa aplicar hoje para pagar a viagem?

$$VF = VP + J = VP + i \times VP = VP(1+i) \;\therefore\; VP = \frac{VF}{1+i} = \frac{15.000}{1+0,15} = \frac{15.000}{1,15} = 13.043,48.$$

Exemplo 1.7

Determinar o valor presente do fluxo de caixa a seguir considerando uma taxa de 10% aa de juros simples e depois compostos.

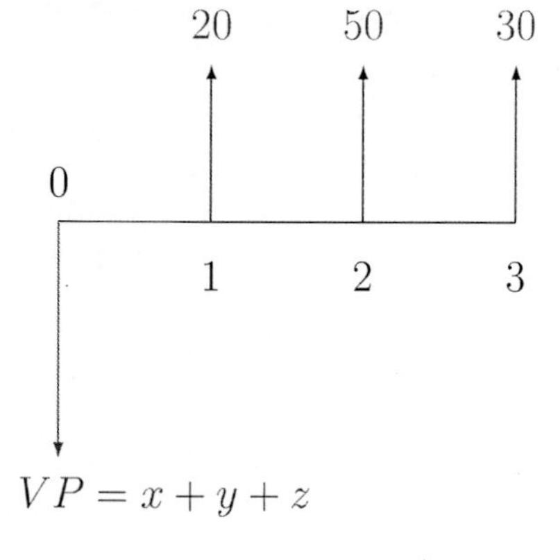

Sejam

$x =$ o valor aplicado na data 0 que gerou 20 na data 1

$y =$ o valor aplicado na data 0 que gerou 50 na data 2

$z =$ o valor aplicado na data 0 que gerou 30 na data 3

Assim

$VP = x + y + z$

- Juros Simples

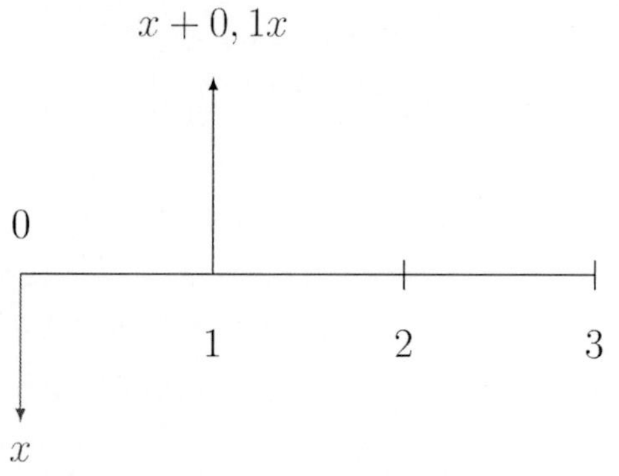

$$x + 0,1x = x(1 + 0,1) = 20$$

$$x = \frac{20}{1 + 0,1} = 18,18$$

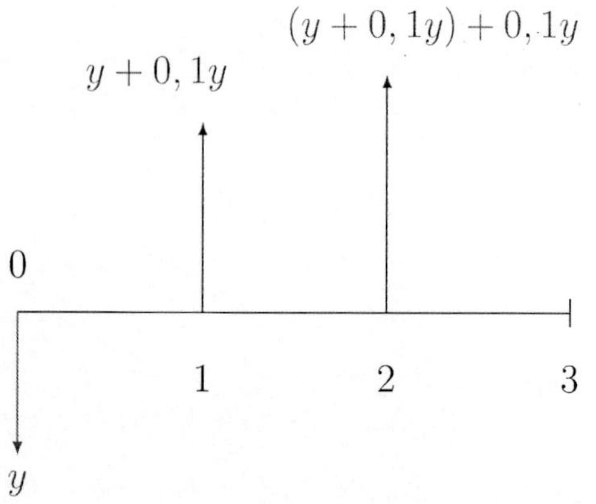

$$y + 2 \times 0,1y = 50$$

$$y = \frac{50}{1 + 2 \times 0,1} = 41,67$$

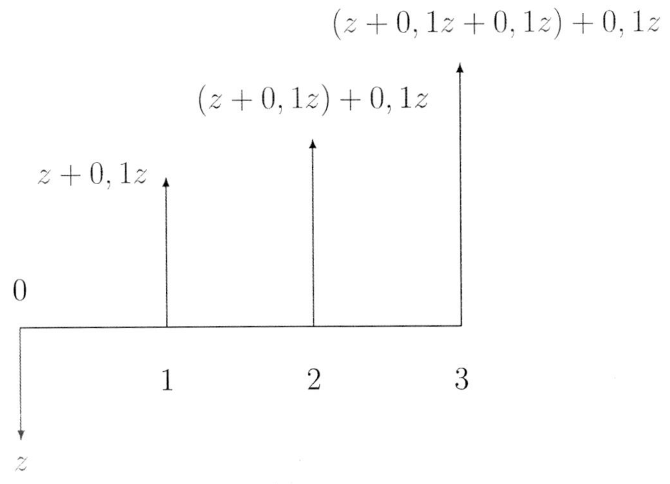

$$z + 3 \times 0,1z = 30$$

$$z = \frac{30}{1 + 3 \times 0,1} = 23,08$$

$$VP = 18,18 + 41,67 + 23,08 = 82,93$$

- Juros Compostos

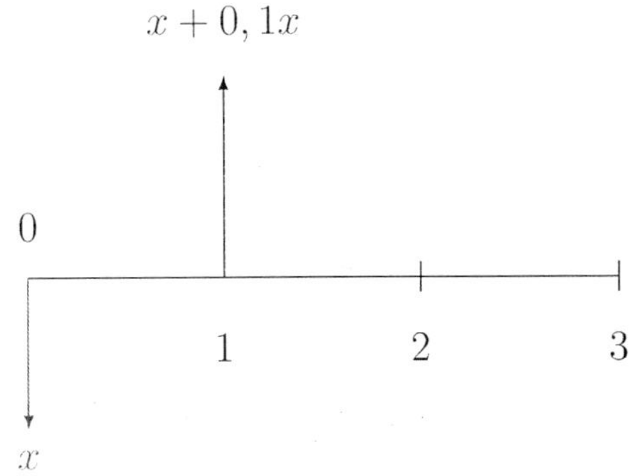

$$x + 0,1x = x(1 + 0,1) = 20$$

$$x = \frac{20}{1 + 0,1} = 18,18$$

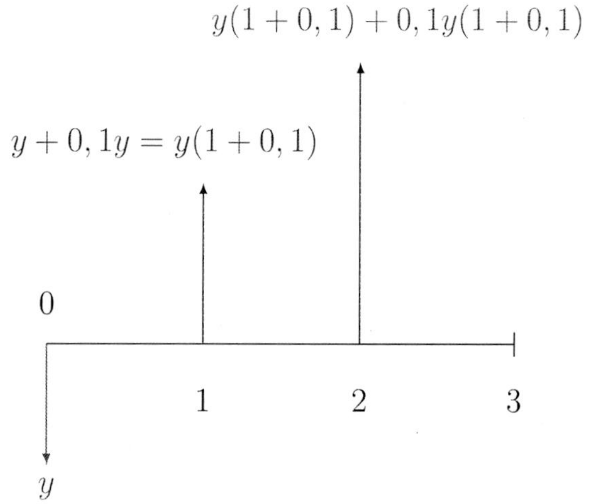

$$(1 + 0,1)(y + 0,1y) = y(1 + 0,1)^2 = 50$$

$$y = \frac{50}{(1 + 0,1)^2} = 41,32$$

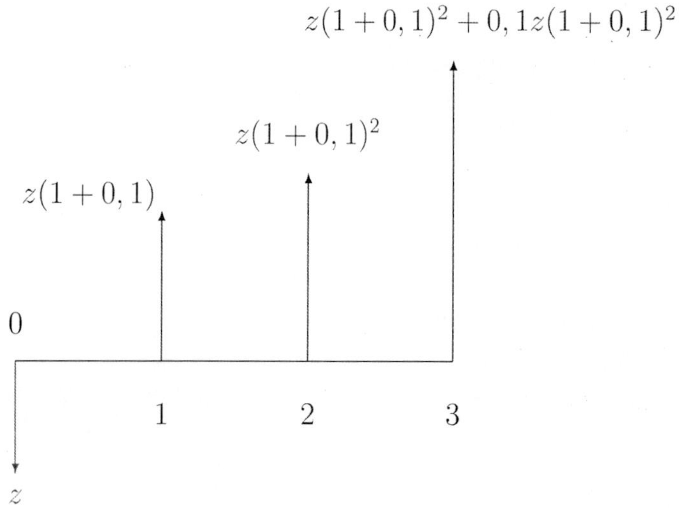

$$(1 + 0,1)^2(z + 0,1z) = z(1 + 0,1)^3 = 30$$

$$z = \frac{30}{(1 + 0,1)^3} = 22,54$$

$$VP = 18,18 + 41,32 + 22,54 = 82,04$$

Fluxos de Caixa Equivalentes

Dois ou mais fluxos de caixa são ditos equivalentes quando, fixada uma taxa de juros, os valores presentes desses fluxos de caixa calculados com esta taxa forem iguais.

Fluxos de caixa equivalentes poderão deixar de sê-lo se a taxa utilizada for alterada.

Obviamente, dois fluxos de caixa equivalentes têm valores futuros iguais. Portanto, a equivalência de fluxos de caixa não precisa ser analisada comparando-se os valores presentes. Isto pode ser feito escolhendo-se qualquer data, desde que a mesma para todos os fluxos de caixa.

Exemplo 1.8

Uma loja oferece duas opções para a compra de uma TV cujo preço é R$1.000,00:

1) pagamento à vista com desconto de 10%.

2) pagamento em duas prestações iguais de R$500,00 sendo a primeira no ato da compra e a segunda 30 dias após a compra.

Se uma determinada aplicação financeira remunera o capital aplicado com uma taxa de 25% ao mês, determine qual a melhor opção para o pagamento.

Vamos comparar os valores presentes das duas formas de pagamento:

(1) $VP_1 = 1.000 - 0,1 \times 1.000 = 900,00$

(2)

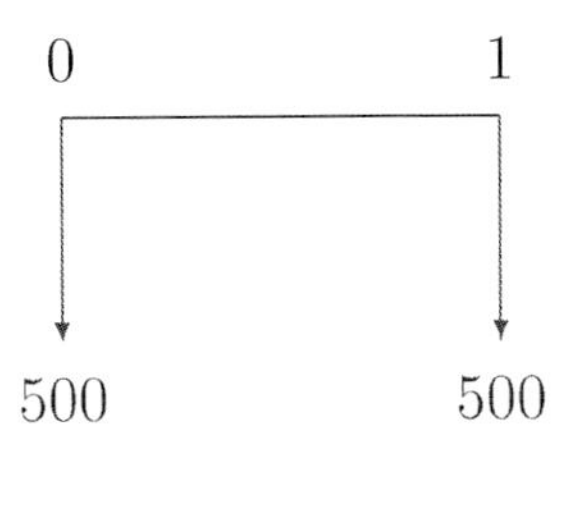

$$VP_2 = 500 + \frac{500}{1 + 0,25} = 500 + 400 = 900,00$$

É indiferente pois $VP_1 = VP_2$.

Exemplo 1.9

Resolva o exemplo 1.8 considerando taxas de 20% am e 30% am.

20%) $VP_2 = 500 + \dfrac{500}{1+0,2} = 916,67 > 900,00 = VP_1$. É melhor pagar à vista.

30%) $VP_2 = 500 + \dfrac{500}{1+0,3} = 884,62 < 900,00 = VP_1$. É melhor pagar em 2 vezes.

É importante destacar que o cliente da loja dos Exemplos 1.8 e 1.9 não precisa ter R$ 1.000,00 para comprar a TV. Bastam R$ 900,00 e a TV poderá ser comprada à vista.

Por outro lado, a decisão pela melhor forma de pagamento depende da taxa de juros e pode ser tomada imaginando que o cliente, dispondo de R$ 900,00, pode dar R$ 500,00 de entrada e aplicar R$ 400,00 por um mês, tendo em mente que, após um mês, ele deverá pagar outros R$ 500,00. Assim, se a taxa for de 25% am, após um mês, ele obterá $400 + 0,25 \times 400 = 500,00$, valor suficiente para honrar seu compromisso. Entretanto, o cliente não obterá nenhuma vantagem em optar por pagar em 2 vezes. Se a taxa for 20% am, após um mês, o cliente terá $400 + 0,20 \times 400 = 480,00$, valor insuficiente para quitar a dívida. Logo, pagar em 2 vezes seria uma má decisão. Finalmente, se a taxa for de 30% am, após um mês, o cliente obterá $400 + 0,3 \times 400 = 520,00$, valor mais que suficiente para quitar a compra. Neste caso, seria vantajoso optar por pagar em 2 parcelas de R$ 500,00.

Os Exemplos 1.8 e 1.9 podem ser facilmente resolvidos através do raciocínio relativamente simples que acabamos de fazer. Entretanto, o emprego do conceito de equivalência de fluxos de caixa se torna extremamente vantajoso quando lidamos com fluxos de caixas que contêm um número muito grande de capitais. O uso dos valores presentes é extramente útil quando precisamos tomar decisões financeiras pois permite a comparação de valores na mesma data.

Exercícios

1.1 Um investidor aplicou R$1.000,00 em um banco que remunera seus depósitos com uma taxa de 5% am, no regime de juros simples. Mostre o crescimento desse capital nos próximos 3 meses e calcule o montante a ser resgatado no final do 3^0 mês.

1.2 Um investidor aplicou R$1.000,00 em um banco que remunera seus depósitos com uma taxa de 5% am, no regime de juros compostos. Mostre o crescimento desse capital nos próximos 3 meses e calcule o montante a ser resgatado no final do 3^0 mês.

1.3 Um investidor aplicou R$1.000,00 em um banco que remunera seus depósitos com uma taxa de 5% am, sendo que os juros são pagos mensalmente. Assim, o investidor pode retirar mensalmente R$50,00 a título de juros. Pergunta-se:

a) esse banco está remunerando seus depósitos a juros simples ou compostos?

b) qual o montante acumulado no final dos 3 meses caso os juros mensais recebidos não sejam reaplicados? Neste caso, o investidor recebeu juros simples ou compostos?

c) qual o montante acumulado no final dos 3 meses caso os juros mensais recebidos sejam reaplicados à mesma taxa de 5% am? Agora, o investidor foi remunerado a juros simples ou compostos?

Respostas

1.1

mês	início do mês	juros	fim do mês
1	1.000,00	50,00	1050,00
2	1050,00	50,00	1100,00
3	1100,00	50,00	1150,00

1.2

mês	início do mês	juros	fim do mês
1	1.000,00	50,00	1050,00
2	1050,00	52,50	1102,50
3	1102,50	55,12	1157,62

1.3 a) juros compostos b) 1150,00 / juros simples c) 1157,62 / juros compostos

Capítulo 2. Juros Simples

No regime de juros simples, os juros de cada período são calculados aplicando-se a taxa de juros sempre sobre o capital inicial, produzindo o mesmo valor dos juros em todos os períodos.

Relação entre o capital inicial, o montante e a taxa de juros simples após n períodos

Suponhamos que um capital inicial P seja investido a uma taxa i de juros simples. Após um período, os juros serão $J_1 = Pi$ e o montante M_1 será

$$M_1 = P + J_1 = P + Pi = P(1 + i)$$

Ao fim do segundo período, teremos $J_2 = Pi$ e

$$M_2 = M_1 + J_2 = P(1 + i) + Pi = P(1 + 2i)$$

Ao fim do terceiro período, $J_3 = Pi$ e

$$M_3 = M_2 + J_3 = P(1 + 2i) + Pi = P(1 + 3i)$$

Após n períodos, o montante M será dado por

$$M = P(1 + ni)$$

Exemplo 2.1

Um capital de R$ 2.000,00 ficou aplicado durante 24 meses no regime de juros simples a 2% am. Calcule o montante acumulado.

$P = 2.000$

$i = 2\%$ am $= 0{,}02$ am

$n = 24$ meses

$$M = P(1 + ni)$$

$$M = 2.000(1 + 24 \times 0,02) = 2.960,00$$

Exemplo 2.2

Qual o principal necessário para se obter um montante de R$ 10.000,00 daqui a 6 meses a uma taxa de 5% am no regime de juros simples?

$M = 10.000$

$i = 5\%$ am $= 0{,}05$ am

$n = 6$ meses

$$M = P(1 + ni) \iff P = \frac{M}{1 + ni}$$

$$P = \frac{10.000}{1 + 6 \times 0,05} = 7.692,31.$$

Exemplo 2.3

Em quantos meses um capital dobra se aplicado a uma taxa i de juros simples?

$M = 2P$

$$M = P(1 + ni)$$

$$2P = P(1 + ni)$$

$$ni = 1 \quad \therefore \quad n = \frac{1}{i} \text{ meses.}$$

Exemplo 2.4

Qual a taxa mensal de juros simples que transforma um capital de R$ 1.000,00 em um montante de R$ 1.500,00 em 20 meses?

$P = 1.000$	$M = P(1 + ni)$
$M = 1.500$	$1.500 = 1.000(1 + 20i)$
$n = 20$ meses	$20i = 1,5 - 1 = 0,5 \quad \therefore \quad i = 0,025 = 2,5\%$ am.

Exemplo 2.5

Uma motocicleta é vendida à vista por R$ 10.000,00 ou por R$ 2.000,00 de entrada e mais R$ 8.800,00 após 2 meses. Qual a taxa mensal de juros simples cobrada pela loja?

Vamos resolver este exemplo considerando que, para a loja, é indiferente se o cliente paga à vista ou parcelado. Para a loja, independentemente da forma de pagamento, o cliente estará pagando o mesmo valor pela motocicleta. Assim, os fluxos de caixa das 2 formas de pagamento são equivalentes.

$$VP_1 = 10.000 \qquad\qquad VP_2 = 2.000 + \frac{8.800}{1 + 2i}$$

Fazendo $VP_1 = VP_2$, obtemos uma equação com incógnita i cuja solução é $i = 5\%$ am.

O Exemplo 2.5 pode ser facilmente resolvido considerando que, ao pagar R$ 2.000,00 de entrada, a loja financiou R$ 8.000,00 para o cliente, que pagou R$ 8.800,00 dois meses depois. Portanto, o total de juros pago foi $J = 8.800 - 8.000 = 800,00$ em 2 meses ou R$ 400,00 por mês, dado que os juros são iguais em cada mês. Daí, a taxa de juros foi $i = \frac{400}{8.000} = 0,05$ am ou 5% am.

Mais uma vez destacamos que, na ocorrência de inúmeros capitais, o raciocínio que acabamos de fazer fica extremamente enfadonho, ao passo que, a utilização do conceito de equivalência de fluxos de caixa levará a uma equação que, resolvida, fornecerá a solução para o problema.

Exemplo 2.6

André deseja aplicar R$ 100.000,00 por 2 meses em um banco que paga 24% aa de juros simples. No momento da aplicação são cobrados 15% de imposto de renda calculados sobre os rendimentos. Pergunta-se:

a) de quanto André deve dispor se o imposto for cobrado além do valor aplicado?

b) se André só tem R$ 100.000,00, quanto será realmente aplicado?

$P = 100.000$ $\quad i = 24\%$ aa $\quad$ IR=0,15J $\quad n = 2$ meses ou $\frac{1}{6}$ anos

a) $J = 100.000 \times 0,24 \times \frac{1}{6} = 4.000$

$\text{IR} = 0,15 \times 4.000 = 600$

$P = 100.000 + 600 = 100.600,00.$

b) Seja x a quantia efetivamente aplicada.

$J = x \times 0,24 \times \frac{1}{6} = 0,04x$

$\text{IR} = 0,15 \times J = 0,15 \times 0,04x = 0,006x$

$x + \text{IR} = 100.000 \implies x + 0,006x = 100.000 \implies x = 99.403,58.$

Exercícios

2.1 Calcule o montante e os juros simples obtidos por uma aplicação de R$ 10.000,00 a 10% as durante 2 anos.

2.2 Victor pegou um empréstimo R$ 5.000,00 por 6 meses. No fim do prazo, devolveu R$ 8.000,00. Qual a taxa mensal de juros simples que Victor pagou?

2.3 Qual a taxa mensal de juros simples que faz um capital triplicar em 1 ano?

2.4 Considerando uma taxa i de juros simples, qual o prazo n que um capital P deve ficar aplicado para que os juros J se igualem a P?

Respostas

2.1 14.000,00 / 4.000,00

2.2 10% am

2.3 16,67% am

2.4 $n = \frac{1}{i}$

Capítulo 3. Juros Compostos

No regime de juros compostos, os juros de cada período são calculados aplicando-se a taxa de juros sobre o saldo existente no início do período.

Relação entre o capital inicial, o montante e a taxa de juros compostos após n períodos

Suponhamos que um capital inicial P seja investido a uma taxa i de juros compostos. Após um período, os juros serão $J_1 = Pi$ e o montante M_1 será

$$M_1 = P + J_1 = P + Pi = P(1 + i)$$

Ao fim do segundo período, teremos $J_2 = M_1 i = P(1 + i)i$ e

$$M_2 = M_1 + J_2 = P(1 + i) + P(1 + i)i = P(1 + i)^2$$

Ao fim do terceiro período, $J_3 = M_2 i = P(1 + i)^2 i$ e

$$M_3 = M_2 + J_3 = P(1 + i)^2 + P(1 + i)^2 i = P(1 + i)^3$$

Após n períodos, o montante M será dado por

$$M = P(1 + i)^n$$

Exemplo 3.1

Calcule o montante produzido por um capital de R$ 100.000,00 que ficou aplicado durante 1 ano e 6 meses com taxa de 1% am.

$P = 100.000$

$i = 1\%$ am $= 0{,}01$ am

$n = 18$ meses

$$M = P(1+i)^n$$

$$M = 100.000(1+0,01)^{18} = 119.614,75$$

Exemplo 3.2

Determine o capital que aplicado a 1% am durante 6 meses produz um montante de R$ 10.000,00.

$M = 10.000$

$i = 1\%$ am $= 0{,}01$ am

$n = 6$ meses

$$M = P(1+i)^n \iff P = \frac{M}{(1+i)^n}$$

$$P = \frac{10.000}{(1+0,01)^6} = 3.301,47.$$

Exemplo 3.3

Calcule a taxa de juros mensal que transformam R$ 10.000,00 em R$ 12.000,00 após 120 dias.

$P = 10.000$

$M = 12.000$

$n = 4$ meses

$$M = P(1+i)^n$$

$$12.000 = 10.000(1+i)^4$$

$$(1+i)^4 = 1,2 \implies 1+i = \sqrt[4]{1,2} = 1,1067$$

$$i = 4,66\% \text{ am}$$

Exemplo 3.4

Em quanto tempo R\$ 5.000,00 se transformam em R\$ 7.500,00 se aplicados a 1% am?

$P = 5.000$

$M = 7.500$

$i = 1\%$ am $= 0{,}01$ am

$$M = P(1+i)^n$$

$$7.500 = 5.000(1+0,01)^n$$

$$(1,01)^n = 1,5$$

$$n \times \log 1,01 = \log 1,5 \quad \Longrightarrow \quad n = 41 \text{ meses.}$$

Exemplo 3.5

Rachel pode pagar um vestido de duas formas: 2 prestações mensais de R\$ 50,00 ou 4 prestações mensais de R\$ 26,00, sendo, em qualquer caso, a 1ª prestação paga no ato da compra. Supondo que Rachel pode aplicar seu dinheiro a 10% am, qual a melhor opção de compra?

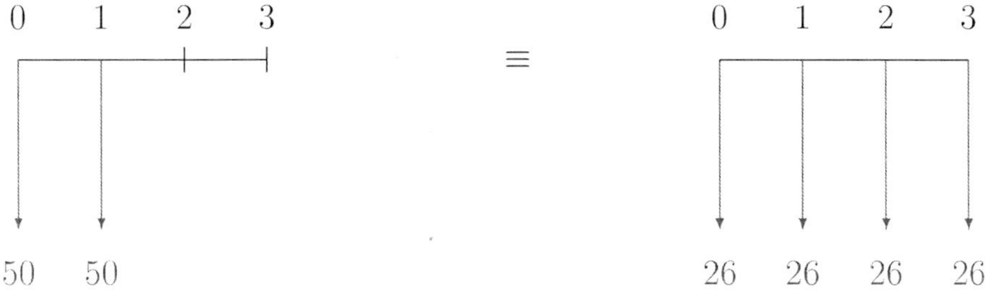

$$VP_1 = 50 + \frac{50}{1+0,1}$$

$$VP_1 = 95,45$$

$$VP_2 = 26 + \frac{26}{1+0,1} + \frac{26}{(1+0,1)^2} + \frac{26}{(1+0,1)^3}$$

$$VP_2 = 90,66$$

$VP_2 < VP_1$.

Portanto, é melhor pagar em 4 parcelas de R\$ 26,00 embora $4 \times 26 = 104 > 100 = 2 \times 50$.

Exemplo 3.6

Lilian pode comprar um sapato em 2 prestações mensais iguais sem juros, vencendo a 1^a um mês após a compra ou pagar à vista mediante um desconto.

Supondo que Lilian pode aplicar seu dinheiro a 3% am, qual o desconto mínimo que incentivará Lilian pagar à vista?

Sejam P o preço do sapato e x o percentual de desconto.

Pagando à vista

$$VP_1 = P - xP = P(1-x)$$

Pagando em 2 parcelas

$$VP_2 = \frac{P/2}{1+0,03} + \frac{P/2}{(1+0,03)^2}$$

Lilian preferirá pagar à vista para os valores de x que façam com que $VP_1 \leq VP_2$.

Daí

$$1 - x \leq \frac{1}{2,06} + \frac{1}{2,1218} = 0,9567$$

ou

$$x \geq 0,0433$$

Portanto, Lilian pagará à vista se o desconto for 4,33%, no mínimo.

Exercícios

3.1 Calcule o montante produzido por R$ 10.000,00 aplicados por 12 meses com taxa de 1% am.

3.2 Calcule o valor mínimo que deve ser aplicado para produzir um montante de R$ 15.000,00 em 2 anos com taxa de 10% as.

3.3 Calcule a taxa de juros mensal que produz R$ 15.000,00 a partir de R$ 10.000,00 em 1 ano.

3.4 Determine o prazo necessário para duplicar um capital aplicado a 1% am.

3.5 José está atrasado com 1 parcela do financiamento de seu carro, vencida há 1 mês. Ele recebe a quantia de R$ 5.000,00 de herança e decide quitar também as últimas 3 parcelas que faltam. Sabendo que as parcelas são fixas no valor de R$ 1.200,00 e que a taxa do financiamento foi de 1,5% am, verifique se José conseguirá quitar o carro.

3.6 Gustavo investiu por 12 meses uma quantia em uma aplicação que pagou 1% am. Após este prazo, o total acumulado permitiu que Gustavo migrasse para outra aplicação, mais rentosa, que pagou 1,5% am. Após outros 12 meses, Gustavo obteve o montante de R$ 200.000,00. Determine a quantia inicial e a taxa média a que esta quantia esteve aplicada?

3.7 Uma loja vende suas mercadorias à vista ou com 50% de entrada e mais 2 pagamentos mensais de 25% cada. Se o dinheiro custa para essa loja 2% am, calcule o desconto que a loja pode dar para compras à vista.

3.8 Sérgio tem acesso ao crédito pessoal em um banco que cobra taxa de 2,5% am mas retem 4% no ato do empréstimo a título de despesas administrativas. Sérgio pode emprestar o dinheiro a um vizinho mediante uma taxa de 3,5% am. Qual o prazo mínimo que faz com que a operação seja compensadora para Sérgio?

3.9 No início de janeiro de certo ano, João comprou um equipamento de R$ 200.000,00 para sua empresa pagando uma entrada de R$ 50.000,00 e mais 2 parcelas semestrais iguais mediante a taxa de 1% am. Em março, João percebe que não conseguirá honrar com a 1ª parcela prevista para o fim de junho e propõe quitar as duas parcelas no início de outubro. Qual o valor deste pagamento?

3.10 Um banco anuncia taxa de 12% aa em seus empréstimos. A fim de elevar a taxa para 15% aa, o banco retem um percentual do valor emprestado. Calcule este percentual para empréstimos de 6 e 12 meses.

Respostas

3.1 11.268,25

3.2 10.245,20

3.3 3,44% am

3.4 70 meses

3.5 Sim e ainda sobrarão R$ 234,00

3.6 148.450,27 / 1,25% am

3.7 1,46%

3.8 4 meses e 7 dias

3.9 156.890,00

3.10 2,20% / 4,35%

Capítulo 4. Taxas de Juros

Quando a unidade da taxa de juros não coincide com o período n de capitalização, podemos ajustar n para efetuarmos os cálculos financeiros. Por exemplo, se a taxa é fornecida em termos anuais e o prazo da operação é 6 meses, fazemos $n = \frac{1}{2}$.

Neste capítulo veremos como encontrar outra taxa cuja unidade coincida com os períodos de capitalização e que não altere os cálculos financeiros.

Taxa Efetiva

Taxa efetiva é a taxa de juros cuja unidade de tempo coincide com a unidade de tempo dos períodos de capitalização.

Por exemplo, 1% am capitalizados mensalmente, 2% at capitalizados trimestralmente, 10% aa capitalizados anualmente. Neste caso, dizemos apenas 1% am, 2% at, 10% aa.

Taxas Proporcionais

Taxas proporcionais são taxas de juros com unidades de tempo diferentes que, aplicadas ao mesmo principal durante o mesmo tempo, produzem o mesmo montante, no regime de **juros simples**.

Exemplo 4.1

Determinar os montantes acumulados ao final de 2 anos, a partir de um principal de R$ 1.000,00, no regime de juros simples, com as taxas de 12% aa , 6% as , 3% at e 1% am.

$$i_A = 0,12 \text{ aa} \;,\; n = 2 \implies M = 1.000(1 + 2 \times 0,12) = 1.240,00$$

$$i_S = 0,06 \text{ as} \;,\; n = 4 \implies M = 1.000(1 + 4 \times 0,06) = 1.240,00$$

$$i_T = 0,03 \text{ at} \;,\; n = 8 \implies M = 1.000(1 + 8 \times 0,03) = 1.240,00$$

$i_M = 0,01$ am , $n = 24 \implies M = 1.000(1 + 24 \times 0,01) = 1.240,00$

Relação entre Taxas Proporcionais

Suponhamos que um principal P seja aplicado por 1 ano com taxa anual i_A e por 12 meses com taxa mensal i_M.

Então

$$P(1 + i_A) = P(1 + 12 \times i_M) \implies 1 + i_A = 1 + 12 \times i_M \implies i_A = 12 \times i_M$$

Analogamente, se i_S é a taxa de juros semestral, i_T é a taxa de juros trimestral e i_D é a taxa de juros diária, obtemos

$$i_A = 2 \times i_S = 4 \times i_T = 12 \times i_M = 360 \times i_D$$

Exemplo 4.2

Determinar as taxas semestral, trimestral e mensal proporcionais a 12% aa.

i_A = 12% aa = 0,12 aa.

$$i_S = \frac{i_A}{2} = \frac{0,12}{2} = 0,06 \text{ as} = 6\% \text{ as.}$$

$$i_T = \frac{i_A}{4} = \frac{0,12}{4} = 0,03 \text{ at} = 3\% \text{ at.}$$

$$i_M = \frac{i_A}{12} = \frac{0,12}{12} = 0,01 \text{ am} = 1\% \text{ am.}$$

Exemplo 4.3

Um cliente de um certo banco utilizou R$ 1.000,00 do cheque especial por 17 dias. Sendo a taxa de juros do cheque especial de 7,55% am, calcule os juros pagos pelo cliente.

$P = 1.000$ $\qquad$ $n = 17$ dias $\qquad$ $i_M = 7,55\%$ am = 0,0755 am

$$i_D = \frac{i_M}{30} = \frac{0,0755}{30} = 0,002517 \text{ ad}$$

$$J = 1.000 \times 0,002517 \times 17 = 42,78.$$

Taxas Equivalentes

Taxas equivalentes são taxas de juros com unidades de tempo diferentes que, aplicadas ao mesmo principal durante o mesmo tempo, produzem o mesmo montante, no regime de **juros compostos**.

Exemplo 4.4

Determinar os montantes acumulados ao final de 2 anos, a partir de um principal de R$ 1.000,00, no regime de juros compostos, com as taxas 12,6825% aa , 6,1520% as, 3,0301% at e 1% am.

$$i_A = 12,6825\% \text{ aa },\ n = 2 \implies M = 1.000(1 + 0,126825)^2 = 1.269,73$$

$$i_S = 6,1520\% \text{ as },\ n = 4 \implies M = 1.000(1 + 0,061520)^2 = 1.269,73$$

$$i_T = 3,0301\% \text{ at },\ n = 8 \implies M = 1.000(1 + 0,030301)^8 = 1.269,73$$

$$i_M = 1\% \text{ am },\ n = 24 \implies M = 1.000(1 + 0,01)^{24} = 1.269,73$$

Relação entre Taxas Equivalentes

Suponhamos que um principal P seja aplicado por 1 ano com taxa anual i_A e por 12 meses com taxa mensal i_M. Então

$$P(1+i_A) = P(1+i_M)^{12} \implies 1+i_A = (1+i_M)^{12}$$

Analogamente, se i_S é a taxa de juros semestral, i_T é taxa trimestral e i_D é a taxa diária, obtemos

$$1+i_A = (1+i_S)^2 = (1+i_T)^4 = (1+i_M)^{12} = (1+i_D)^{360}$$

Exemplo 4.5

Determinar as taxas trimestral, semestral e anual equivalentes a 1% am.

$i_M = 1\%$ am $= 0{,}01$ am

$1+i_T = (1+i_M)^3 = (1+0,01)^3 = 1,030301 \implies i_T = 3,0301\%$ at.

$1+i_S = (1+i_M)^6 = (1+0,01)^6 = 1,061520 \implies i_S = 6,1520\%$ as.

$1+i_A = (1+i_M)^{12} = (1+0,01)^12 = 1,126825 \implies i_A = 12,6825\%$ aa.

Taxa Nominal

Taxa nominal é a taxa de juros cuja unidade de tempo não coincide com a unidade de tempo dos períodos de capitalização. A taxa nominal é geralmente fornecida em termos anuais. Por exemplo, 12% aa capitalizados mensalmente, 24% aa capitalizados trimestralmente, 18% aa capitalizados semestralmente. A taxa nominal não pode ser usada em cálculos financeiros pois não se trata de uma taxa efetiva. Entretanto, a taxa nominal esconde uma taxa efetiva proporcional que deve ser determinada e empregada nos cálculos financeiros.

Nos exemplos anteriores as taxas efetivas implícitas são:

$$\text{12\% aa capitalizados mensalmente} = \frac{12\%\text{aa}}{12 \text{ meses}} = 1\% \text{ am}$$

$$\text{24\% aa capitalizados trimestralmente} = \frac{24\%\text{aa}}{4 \text{ trimestres}} = 6\% \text{ at}$$

$$\text{18\% aa capitalizados semestralmente} = \frac{18\%\text{aa}}{2 \text{ semestres}} = 9\% \text{ as}$$

Exemplo 4.6

Samara pegou um empréstimo com taxa de 15% aa com capitalização mensal. Qual a taxa de juros anual que Samara está pagando por esse empréstimo?

Taxa nominal : $i_N = 15\%$ aa com capitalização mensal.
Taxa mensal proporcional: $i_M = \dfrac{i_N}{12} = \dfrac{15\%}{12} = 1,25\%$ am.
Taxa anual equivalente: $1 + i_A = (1 + 0,0125)^{12} \implies i_A = 16,08\%$ aa.

A taxa de 15% aa é a nominal. A taxa de 16,08% aa é a efetiva.

Exemplo 4.7

Determinar as taxas efetivas anuais equivalentes a uma taxa nominal de 18% aa com os períodos de capitalização mensal, trimestral e semestral.

$i_N = 18\%$ aa.

Taxa Efetiva	Taxa Anual Equivalente
$i_M = \dfrac{18\%}{12} = 1,5\%$ am	$1 + i_A = (1 + 0,015)^{12} \quad \therefore \quad i_A = 19,5618\%$ aa
$i_T = \dfrac{18\%}{4} = 4,5\%$ at	$1 + i_A = (1 + 0,045)^{4} \quad \therefore \quad i_A = 19,25\%$ aa
$i_S = \dfrac{18\%}{2} = 9\%$ as	$1 + i_A = (1 + 0,09)^{2} \quad \therefore \quad i_A = 18,81\%$ aa

Período de Capitalização Fracionário

Quando o período de capitalização é fracionário, pode-se calcular os juros de uma operação financeira de três maneiras.

- **Convenção dos Períodos Inteiros**

Os juros são calculados considerando-se somente a parte inteira do prazo.

Exemplo 4.8

Um poupador aplica R$ 1.000.000,00 em caderneta de poupança a 0,65% am e retira o dinheiro 8 meses e 15 dias depois. Qual o montante retirado?

$P = 1.000.000 \qquad i = 0,0065$ am $\qquad n = 8$

$M = 1.000.000 \times (1 + 0,0065)^8 = 1.053.198,50.$

- **Convenção Exponencial**

Remunera-se o capital considerando-se todo o período (inteiro e fracionário).

Exemplo 4.9

Resolva o exemplo 4.8 utilizando a convenção exponencial.

$P = 1.000.000$ $\qquad$ $i = 0,0065$ am $\qquad$ $n = 8,5$

$M = 1.000.000 \times (1 + 0,0065)^{8,5} = 1.056.615,86.$

- **Convenção Linear**

Na parte inteira do período, o capital é remunerado a juros compostos. Obtido o montante correspondente à parte inteira, calcula-se os juros simples que esse montante rende na parte fracionária. O montante final é a soma dessas parcelas.

Exemplo 4.10

Resolva o exemplo 4.8 aplicando convenção linear.

Montante correspondente à parte inteira: $M_1 = 1.053.198,50$

Juros correspondentes à parte fracionária: $J = M_1 \times 0,0065 \times \frac{1}{2} = 3.422,89$

Daí

$$M = M_1 + J = 1.053.198,50 + 3.422,89 = 1.056.621,40.$$

Período de Capitalização Inferior a 1

Há uma situação em que juros simples rendem mais que juros compostos. Isto ocorre quando o período de capitalização é inferior à unidade da taxa de juros.

Pode-se entender este fato observando-se os gráficos das relações que fornecem os montantes em função do tempo n de capitalização. No caso de juros compostos, o montante M_c é dado por

$$M_c = P(1+i)^n$$

Se for juros simples, o montante M_s é dado por

$$M_s = P + Pin$$

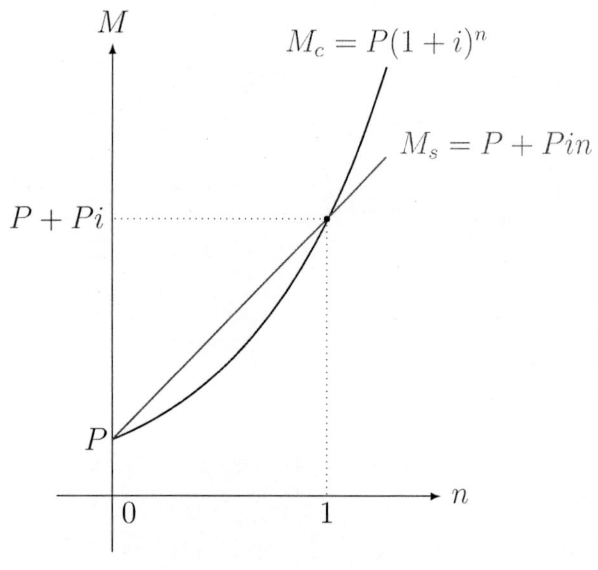

Se $n < 1$ então $M_c < M_s$.

Se $n = 1$ então $M_c = P(1+i) = M_s$

Se $n > 1$ então $M_c > M_s$

Exercícios

4.1 Calcule as taxas mensal e semestral proporcionais a 9% at.

4.2 Calcule as taxas mensal e trimestral equivalentes a 20% aa.

4.3 Determinar as taxas mensal e anual equivalentes à taxa nominal de 36% aa com capitalização mensal.

4.4 Uma aplicação de R$ 1.000,00 proporcionou uma retirada de R$ 1.025,56 após 23 dias. Calcule as taxas de juros diária e mensal dessa operação.

4.5 Um capital de R$ 10.000,00 foi aplicado a 10% aa por 2 anos e 3 meses. Considerando convenção exponencial e depois linear, calcule os montantes obtidos.

Respostas

4.1	$i_M = 3\%$ am	$i_S = 18\%$ as
4.2	$i_M = 1{,}5309\%$ am	$i_T = 4{,}6635\%$ at
4.3	$i_M = 3\%$ am	$i_A = 42{,}5761\%$ aa
4.4	$i_D = 0{,}11\%$ ad	$i_M = 3{,}35\%$ am
4.5	12.391,78	12.405,50

Capítulo 5. Descontos

Chama-se título de crédito o documento que comprova uma dívida. Por exemplo, nota promissória, duplicata, letras de câmbio, cheque, ações.

Alguns títulos de crédito podem sofrer a operação de desconto, que consiste em o portador resgatar o título antes do vencimento, recebendo por ele um valor menor do que aquele que receberia se aguardasse a data do vencimento.

O valor declarado no título, chamado **valor nominal**, **valor de face** ou **valor de resgate** corresponde ao valor que pode ser recebido pelo título na data de seu vencimento.

O valor antecipado recebido pelo portador chama-se **valor atual** e é dado pela diferença entre o valor nominal e o desconto.

O **desconto** corresponde aos juros cobrados pela antecipação do pagamento.

Existem dois tipos de desconto: o desconto comercial e o desconto racional.

O **desconto comercial**, também chamado **desconto "por fora"** é calculado sobre o valor nominal do título.

O **desconto racional**, também chamado **desconto "por dentro"** é calculado sobre o valor atual do título.

Desconto em Matemática Financeira é diferente de desconto no comércio. No comércio, significa reduzir o preço de uma mercadoria visando aumentar as vendas.

Neste capítulo estudaremos desconto comercial e racional nos regimes de juros simples e compostos.

Desconto Simples

- **Desconto Comercial Simples**

Supondo que faltam n períodos para o vencimento de um título de valor nominal N e que a instituição financeira que vai descontá-lo utiliza a taxa i de desconto comercial, temos

$$D_{cs} = Nin$$

O valor atual é dado por

$$A_{cs} = N - D_{cs}$$

Exemplo 5.1

O portador de uma nota promissória de R\$ 60.000,00 procurou uma agência bancária 60 dias antes do vencimento a fim de resgatá-la. O banco fez o desconto comercial simples com taxa de 5% am. Calcule o valor do desconto e a quantia recebida pelo portador.

$N = 60.000$

$i = 5\%$ am $=$ 0,05 am

$n = 2$ meses

$D_{cs} = 60.000 \times 0,05 \times 2 = 6.000,00$

$A_{cs} = 60.000 - 6.000 = 54.000,00$

É importante destacar que costuma-se descontar títulos comercialmente somente quando o prazo que antecede o vencimento é curto pois, sendo o desconto comercial calculado sobre o valor nominal do título, se o prazo for longo, o portador poderá receber um valor menor do que o investido no título.

Exemplo 5.2

Uma pessoa investe R$ 50.000,00 em letras de câmbio a juros compostos de 1,5% am por um ano. Devido a um imprevisto, o título precisou ser descontado 3 meses após a operação. Qual foi o valor recebido pelo título se o desconto foi comercial simples com taxa de 2% am?

$P = 50.000$ $\quad i_c = 0,015$ am $\quad i_s = 0,02$ $\quad n = 9$ meses

$N = P(1 + i_c)^n = 50.000(1 + 0,015)^{12} = 59.781$

$D_{cs} = N i_s n = 59.781 \times 0,02 \times 9 = 10.760$

$A_{cs} = N - D_{cs} = 59.781 - 10.760 = 49.021,00 < 50.000,00.$

Exemplo 5.3

Um título de R$ 10.000,00 vai ser descontado 24 meses antes do vencimento em um banco que utiliza desconto comercial simples com taxa de 5% am. É possível efetuar esse desconto?

$N = 10.000$

$i = 5\%$ am $= 0,05$ am

$n = 24$ meses

$D_{cs} = 10.000 \times 0,05 \times 24 = 12.000,00$

$A_{cs} = 10.000 - 12.000 = -2.000,00$

Não é possível.

- **Desconto Racional Simples**

Suponhamos que faltam n períodos para o vencimento de um título de valor nominal N e que a instituição financeira que vai descontá-lo utiliza a taxa i de desconto racional simples. Seja A_{rs} o valor atual do título. Então

$$D_{rs} = A_{rs}in \qquad (\star)$$

Na prática não é possível calcular o desconto com essa fórmula pois para conhecer o valor atual A_{rs} é preciso calcular D_{rs}.

Por outro lado

$$A_{rs} = N - D_{rs}$$

Substituindo essa expressão em $(\star)$ obtemos

$$D_{rs} = (N - D_{rs})in \implies D_{rs} = Nin - D_{rs}in \implies D_{rs}(1 + in) = Nin$$

Portanto

$$D_{rs} = \frac{Nin}{1 + in}$$

Agora, pode-se calcular o valor atual

$$A_{rs} = N - \frac{Nin}{1 + in} \implies A_{rs} = \frac{N}{1 + in}$$

Comparando a última fórmula com $P = \dfrac{M}{1 + in}$ vemos que o valor atual A_{rs} do título nada mais é que o valor presente do título no regime de juros simples.

Exemplo 5.4

Calcule o valor recebido pela pessoa do exemplo 5.2 se o desconto for racional simples com a taxa de 2% am.

$$A_{rs} = \frac{59.781}{1 + 9 \times 0,02} = 50.662,00$$

Desconto Composto

- **Desconto Comercial Composto**

Suponhamos que um título de valor nominal N vai ser descontado comercialmente n períodos antes do vencimento com taxa i. Temos

1 período antes do vencimento

$$D_1 = Ni \qquad \Longrightarrow \qquad A_1 = N - D_1 = N - Ni = N(1-i)$$

2 períodos antes do vencimento

$$D_2 = A_1 i = N(1-i)i \qquad \Longrightarrow \qquad A_2 = A_1 - D_2 = N(1-i) - N(1-i)i = N(1-i)^2$$

3 períodos antes do vencimento

$$D_3 = A_2 i = N(1-i)^2 i \qquad \Longrightarrow \qquad A_3 = A_2 - D_3 = N(1-i)^2 - N(1-i)^2 i = N(1-i)^3$$

n períodos antes do vencimento

$$A_{cc} = N(1-i)^n \ \text{ e } \ D_{cc} = N - A_{cc}$$

- **Desconto Racional Composto**

Suponhamos que um título de valor nominal N vai ser descontado racionalmente n períodos antes do vencimento com taxa i. Temos

1 período antes do vencimento

$$D_1 = A_1 i \quad \text{e} \quad A_1 = N - D_1 \qquad \Longrightarrow \qquad D_1 = \frac{Ni}{1+i} \qquad \Longrightarrow \qquad A_1 = \frac{N}{1+i}$$

2 períodos antes do vencimento

$$D_2 = A_2 i \quad \text{e} \quad A_2 = A_1 - D_2 \qquad \Longrightarrow \qquad D_2 = \frac{Ni}{(1+i)^2} \qquad \Longrightarrow \qquad A_2 = \frac{N}{(1+i)^2}$$

3 períodos antes do vencimento

$$D_3 = A_3 i \quad \text{e} \quad A_3 = A_2 - D_3 \qquad \Longrightarrow \qquad D_3 = \frac{Ni}{(1+i)^3} \qquad \Longrightarrow \qquad A_3 = \frac{N}{(1+i)^3}$$

n períodos antes do vencimento

$$A_{rc} = \frac{N}{(1+i)^n} \quad \text{e} \quad D_{rc} = N - A_{rc}$$

Comparando a fórmula para A_{rc} com $P = \dfrac{M}{(1+i)^n}$ vemos que o valor atual do título nada mais é que o valor presente do título no regime de juros compostos.

Observações

1. Ao realizar operações de desconto, às vezes a instituição inclui despesas adicionais, denominadas despesas administrativas, calculadas sobre o valor nominal. Neste caso, o desconto é chamado desconto bancário e pode ser tratado como um desconto comercial, incorporando-se a parcela correspondente às despesas administrativas na taxa de desconto.

2. O desconto comercial simples é amplamente utilizado no Brasil. O desconto comercial composto não possui nenhuma utilização prática conhecida. O desconto racional simples e o desconto racional composto nada mais são do que a operação inversa da capitalização no regime de juros simples e compostos, respectivamente.

Exercícios

5.1 Uma pessoa aplicou R$ 100.000,00 em letras de câmbio que lhe proporcionariam uma renda de 36% após um ano. Entretanto, 10 meses depois da operação, a pessoa resolveu resgatar as letras com desconto comercial de 3% am.

a) quanto recebeu pelas letras?

b) a que taxa de juros compostos esteve empregado seu capital durante os 10 meses?

c) qual seria a taxa mensal obtida se as letras fossem resgatas em seu vencimento?

5.2 João possui um título de R$ 60.000,00 com vencimento para daqui a 4 meses. Um amigo de João, necessitando de dinheiro, propõe que João desconte o título comercialmente com taxa de 3% am e lhe empreste o dinheiro pelo mesmo prazo. Qual deve ser a taxa mínima cobrada pelo empréstimo para que João não tenha prejuízo?

5.3 Dois títulos de valores nominais R$ 25.000,00 e R$ 75.000,00 com vencimento para 3 e 6 meses respectivamente, quando descontados antecipadamente na mesma data produziram juntos R$ 50.000,00. Qual a taxa de juros mensal utilizada neste desconto comercial simples?

5.4 Uma empresa, necessitando de dinheiro, possui 2 alternativas:

a) descontar um título de R$ 10.000,00 que vence daqui a 5 meses com taxa de 2,5% am.

b) pegar um empréstimo de R$ 8.750,00 pelo mesmo período pagando 2,707% am.

Qual a melhor alternativa para a empresa?

5.5 Determine o prazo máximo de antecipação para que seja possível efetuar o desconto comercial simples com taxa i.

5.6 Resolva o exemplo 5.3 utilizando desconto racional simples.

Respostas

5.1 a) 127.840,00 b) 2,49% am c) 2,60% am

5.2 3,25% am

5.3 9,52% am

5.4 indiferente.

5.5 $n = \dfrac{1}{i}$

5.6 $A_{rs} = 4.545, 45$

Capítulo 6. Séries de Pagamentos Uniformes

Uma série de pagamentos uniformes é um conjunto de capitais de mesmo valor que ocorrem em intervalos de tempo iguais.

Dado um fluxo de caixa com capitais distintos distribuídos em datas diversas, para calcularmos seu valor presente devemos descontar os capitais, um a um, para a data zero.

Se a série for uniforme, o valor presente pode ser calculado de forma bem mais rápida com o emprego de uma única fórmula, não importando a quantidade de capitais.

Nas séries uniformes a distribuição dos capitais pode ser de dois tipos:

Capitais Postecipados: os capitais ocorrem no final de cada período.

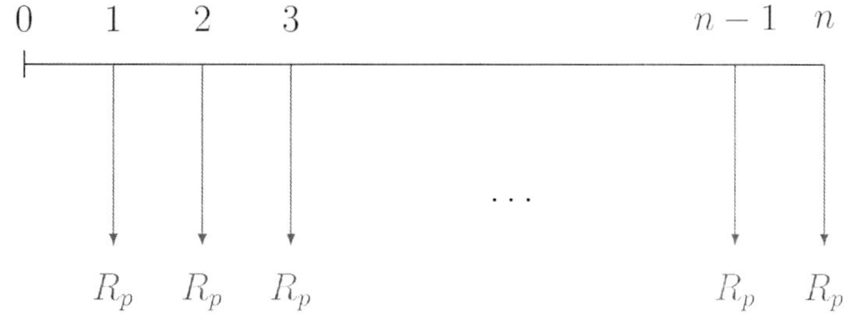

Capitais Antecipados: os capitais ocorrem no início de cada período.

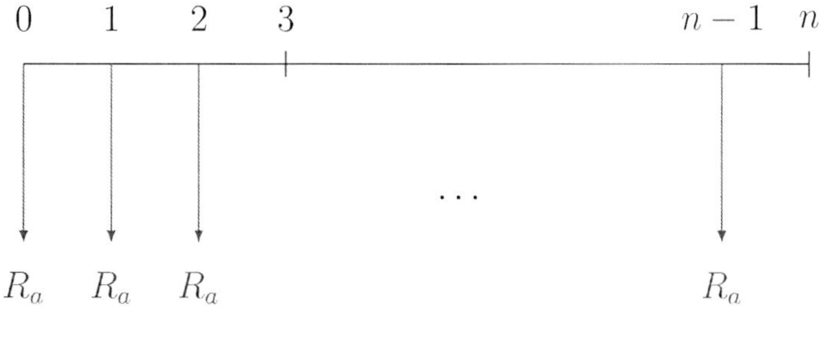

Séries Postecipadas

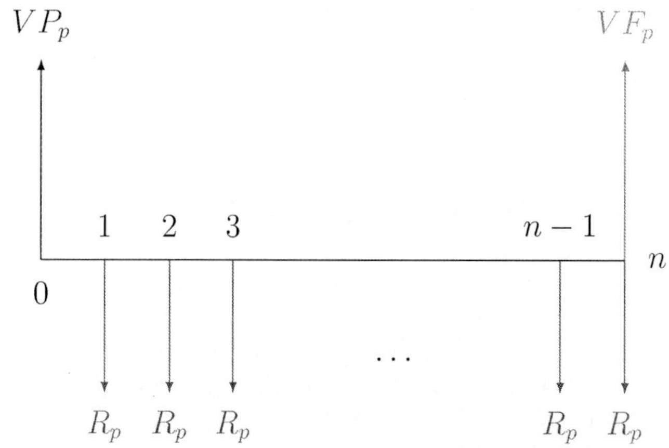

Valor Presente de uma Série Postecipada

Calculando o valor presente de cada um dos capitais e somando, obtemos

$$VP_p = \frac{R_p}{1+i} + \frac{R_p}{(1+i)^2} + \cdots + \frac{R_p}{(1+i)^n} \qquad ... (1)$$

Multiplicando ambos os membros da igualdade em (1) por (1+i), vem

$$VP_p(1+i) = R_p + \frac{R_p}{(1+i)} + \cdots + \frac{R_p}{(1+i)^{n-1}} \qquad ... (2)$$

Subtraindo (2)-(1) ...

$$VP_p(1+i) - VP_p = R_p - \frac{R_p}{(1+i)^n} \implies VP_p i = R_p[1-(1+i)^{-n}]$$

Daí

$$VP_p = R_p \times \frac{1-(1+i)^{-n}}{i}$$

Valor Futuro de uma Série Postecipada

Uma vez determinado o valor presente

$$VP_p = R_p \times \frac{1-(1+i)^{-n}}{i}$$

o valor futuro da série postecipada pode ser calculado por

$$VF_p = VP_p(1+i)^n$$

Portanto

$$VF_p = R_p \times \frac{(1+i)^n - 1}{i}$$

Percebe-se que conhecendo o valor presente, fica fácil determinar o valor futuro sem a necessidade de memorização de outra fórmula.

As demais fórmulas para séries uniformes apresentadas neste capítulo serão todas deduzidas a partir da fórmula do valor presente da série postecipada.

Séries Antecipadas

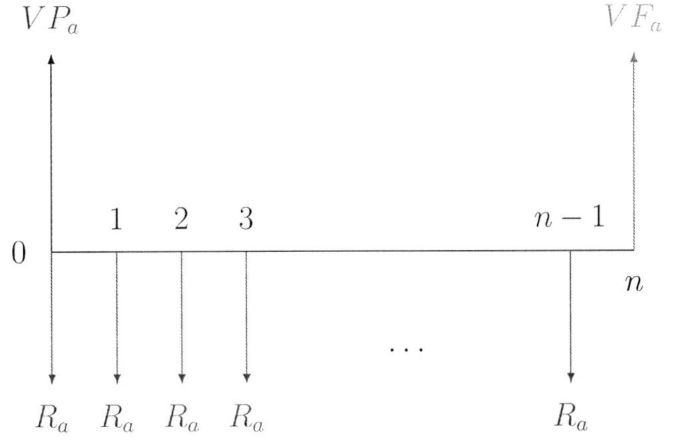

Valor Presente de uma Série Antecipada

Para obtermos o valor presente de uma série antecipada basta observarmos que

$$R_p = R_a(1+i)$$

Substituindo essa relação na fórmula do valor presente para séries postecipadas obtemos

$$VP_a = R_a(1+i) \times \frac{1-(1+i)^{-n}}{i}$$

Valor Futuro de uma Série Antecipada

Uma vez determinado o valor presente de uma série antecipada, seu valor futuro pode ser calculado por

$$VF_a = VP_a(1+i)^n$$

Portanto

$$VF_a = R_a(1+i) \times \frac{(1+i)^n - 1}{i}$$

Séries Diferidas

Quando em uma série uniforme os capitais começam a ocorrer m períodos após a data zero, dizemos que a data dos capitais foi diferida em m períodos e a série é dita diferida.

O diferimento de m períodos é conhecido também como carência de m períodos.

Séries Diferidas com Capitais Postecipados

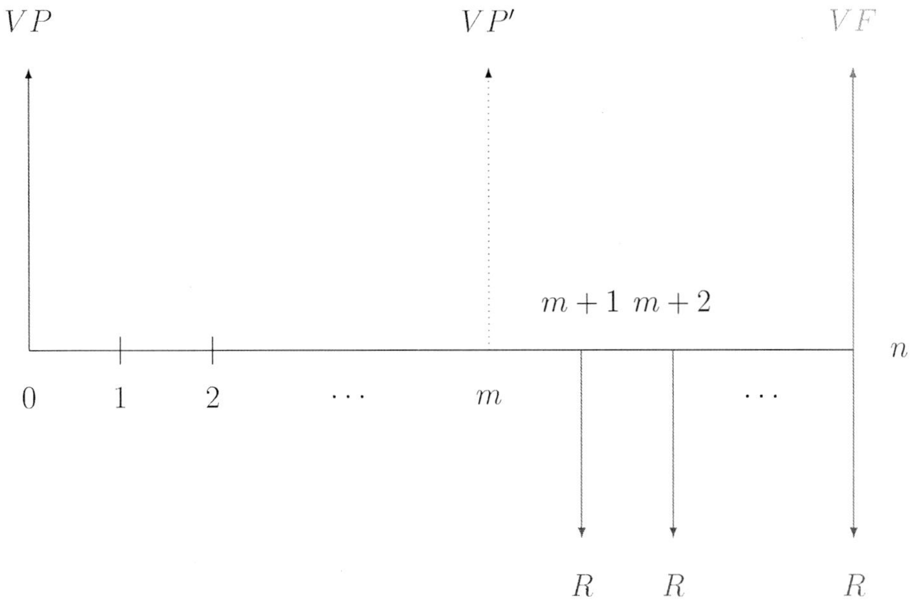

O valor presente VP' pode ser calculado com o emprego da fórmula do valor presente de uma série postecipada com $n-m$ capitais

$$VP' = R \times \frac{1-(1+i)^{-(n-m)}}{i}$$

Daí

$$VP = \frac{VP'}{(1+i)^m}$$

e

$$VF = VP(1+i)^n \qquad \text{ou} \qquad VF = VP'(1+i)^{n-m}$$

Séries Diferidas com Capitais Antecipados

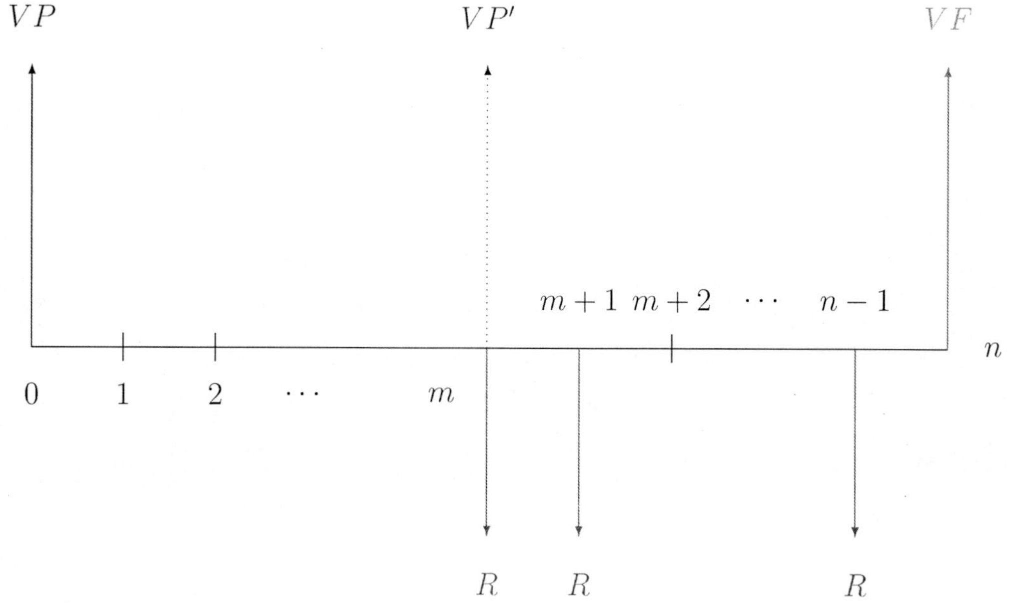

Agora, usando séries antecipadas

$$VP' = R(1+i) \times \frac{1-(1+i)^{-(n-m)}}{i}$$

Daí

$$VP = \frac{VP'}{(1+i)^m}$$

e

$$VF = VP(1+i)^n \qquad \text{ou} \qquad VF = VP'(1+i)^{n-m}$$

Exemplo 6.1

Um banco financia a compra de equipamentos em um prazo de 2 anos com taxa de 3% at. Determinar o valor das prestações trimestrais de um equipamento cujo preço à vista é R$ 20.000,00.

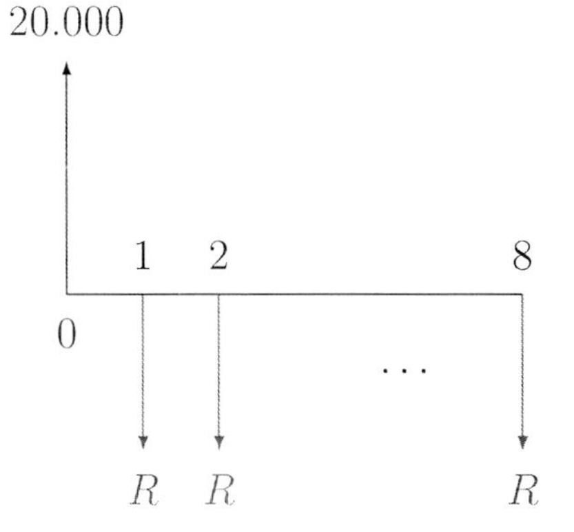

n= 2 anos = 8 trimestres

i = 3% at = 0,03 at

P =20.000

$$P = R \times \frac{1-(1+i)^{-n}}{i}$$

$$20.000 = R \times \frac{1-(1+0,03)^{-8}}{0,03}$$

$$R = 2.849,13$$

Exemplo 6.2

O preço à vista de certo equipamento em uma loja é R$ 12.000,00. A loja aceita vendê-lo por R$ 2.000,00 de entrada e mais 6 prestações mensais de R$ 1.800,00. Qual a taxa de juros cobrada pela loja?

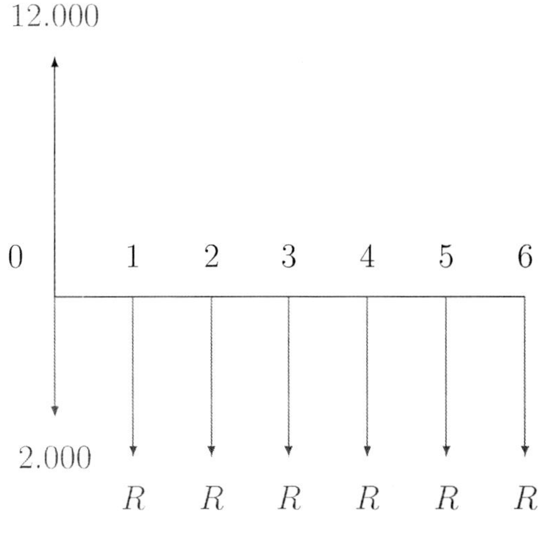

n= 6 meses

R= 1.800

P = 12.000 − 2.000 = 10.000

$$P = R \times \frac{1-(1+i)^{-n}}{i}$$

$$10.000 = 1.800 \times \frac{1-(1+i)^{-6}}{i}$$

$$i = 2,2442\% \text{ am}$$

Exemplo 6.3

Um empréstimo de R$ 10.000,00 será pago em 5 prestações mensais iguais. Sabendo que a taxa de juros é 1% am, calcule o valor das prestações se

a) a 1ª prestação será paga 1 mês após a data da operação.

b) a 1ª prestação será paga na data da operação.

$P = 10.000$ $\qquad n = 5$ $\qquad i = 0,01$ am

a) série postecipada

$$P = R \times \frac{1-(1+i)^{-n}}{i}$$

$$10.000 = R \times \frac{1-(1+0,01)^{-5}}{0,01} \implies R_p = 2.060,40$$

b) série antecipada

$$P = R(1+i) \times \frac{1-(1+i)^{-n}}{i}$$

$$10.000 = R(1+0,01) \times \frac{1-(1+0,01)^{-5}}{0,01} \implies R_a = 2.040,00$$

ou

$$R_p = R_a(1+i) \implies R_a = \frac{2060,40}{1+0,01} = 2.040,00.$$

Exemplo 6.4

Certa loja vende suas mercadorias com o 1^0 pagamento ocorrendo 3 meses após a compra, mediante uma taxa de 2% am. Um cliente gastou R$ 5.000,00 em compras para pagar em 4 prestações mensais iguais. Determinar o valor das prestações.

Série diferida

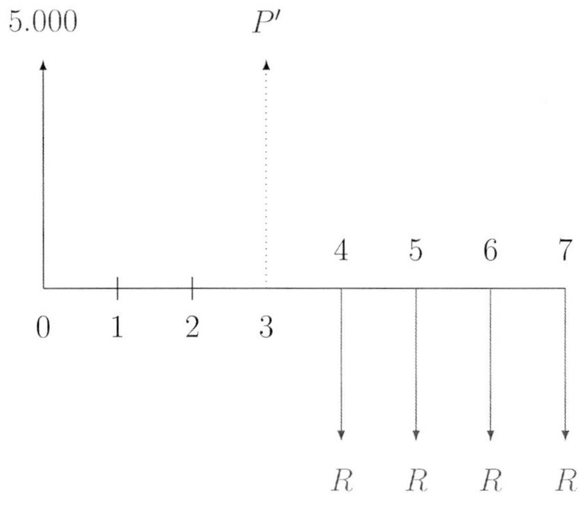

$$P' = 5.000(1+0,02)^3 = 5.306,00$$

$$P' = R \times \frac{1-(1+i)^{-n}}{i}$$

$$5.306 = R \times \frac{1-(1+0,02)^{-4}}{0,02}$$

$$R = 1.393,48$$

Exemplo 6.5

Uma aplicação remunera seus depósitos a 1,5% am. Um investidor efetua 6 depósitos mensais iguais a R$ 10.000,00, sendo o 1^0 no final de janeiro e o último no final de junho. Determine os saldos acumulados nas seguintes datas:

a) final de junho, após o depósito.

b) final de dezembro.

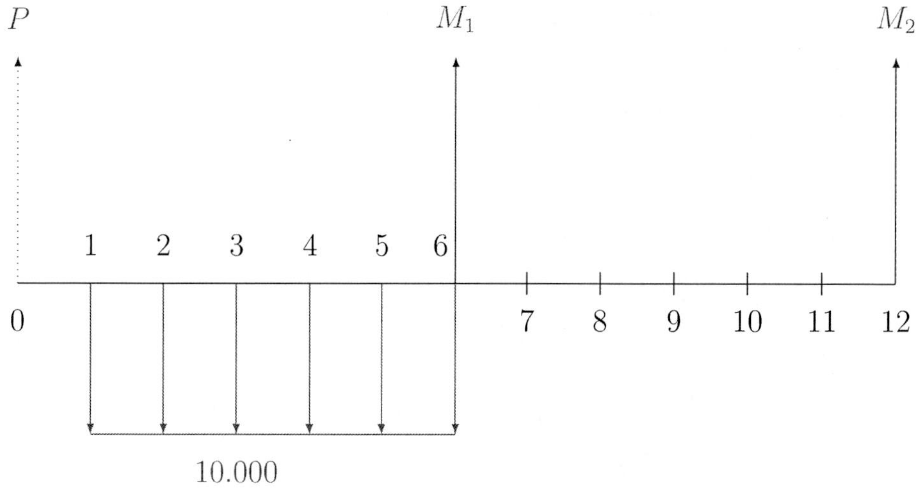

a) $P = R \times \dfrac{1-(1+i)^{-n}}{i}$

$$M_1 = P(1+i)^n = R \times \frac{1-(1+i)^{-n}}{i} \times (1+i)^n$$

$$M_1 = 10.000 \times \frac{1-(1+0,015)^{-6}}{0,015} \times (1+0,015)^6 \implies M_1 = 62.295,65.$$

b) $M_2 = M_1(1+0,015)^6$

$$M_2 = 68.116,76.$$

Exemplo 6.6

A reforma da casa de Sofia vai custar R$ 100.000,00. Ela propôs pagar em 12 prestações mensais iguais, sendo a 1^a um mês após o início dos trabalhos e mais 2 parcelas extras de R$ 10.000,00, ocorrendo a 1ª seis meses após o início da obra e a 2^a no final do prazo. A firma de engenharia que executará a reforma aceitou a proposta mediante a taxa de juros de 1% am. Qual o valor das prestações?

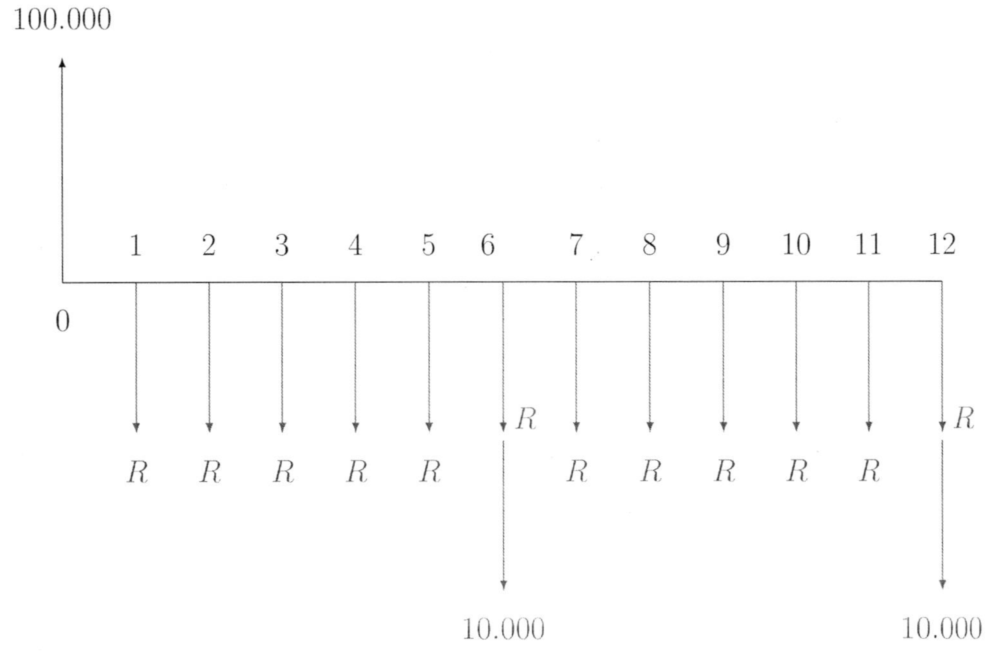

Parte do custo da obra será quitada pelo valor presente VP das parcelas de R$ 10.000,00. As prestações serão responsáveis pelo pagamento do restante que será igual a $100.000,00 - VP$. Daí

$$VP = \frac{10.000}{(1+0,01)^6} + \frac{10.000}{(1+0,01)^{12}} = 18.295.$$

$$100.000 - 18.295 = 81.705 = R \times \frac{1-(1+0,01)^{-12}}{0,01} \implies R = 7.259,39.$$

Série Perpétua

Séries perpétuas aparecem em situações nas quais o número de capitais de uma série uniforme tende a infinito. Por exemplo, para uma pessoa que investe em imóveis, os aluguéis recebidos podem ser interpretados como renda perpétua. Dividendos recebidos por ações também podem ser considerados rendas perpétuas. Nessas situações, o prazo da operação não fica previamente definido.

O valor presente de uma série perpétua pode ser calculado fazendo-se n crescer indefinidamente nas fórmulas que fornecem o valor presente das séries uniformes.

O fator $(1+i)^{-n} = \dfrac{1}{(1+i)^n}$ que aparece nas fórmulas do valor presente das séries uniformes tende para zero quando n cresce.

Assim, o valor presente de uma série perpétua postecipada fica

$$VP_{perp} = \frac{R}{i}$$

Se a série for antecipada

$$VP_{perp} = R \times \frac{1+i}{i}$$

Obviamente, não faz sentido calcular o valor futuro de uma série perpétua.

Exemplo 6.7

Antônio deseja efetuar depósitos mensais durante os próximos 15 anos para que, após este prazo, ao se aposentar, tenha um rendimento mensal de R$ 2.000,00 como complementação de sua aposentadoria. Calcule o valor dos depósitos, supondo uma taxa de juros de 1% am.

Ao se aposentar, daqui a 15 anos, Antônio precisa ter acumulado um montante M que, a 1% am, lhe permitirá uma renda extra de R$ 2.000,00 mensais. Este montante deve, portanto, equivaler ao valor presente das parcelas perpétuas de R$ 2.000,00.

Assim

$$VP_{perp} = \frac{2.000}{0,01} = 200.000,00$$

Usando a fórmula do valor futuro de uma série postecipada

$$200.000 = R \times \frac{(1+0,01)^{180}-1}{0,01} \quad \Longrightarrow \quad R = 400,00.$$

Exemplo 6.8

Henrique tem R$ 300.000,00 para investir. Ele está em dúvida entre uma aplicação financeira que paga 0,8% am ou comprar um apartamento para alugar. Qual o valor mínimo do aluguel para que a compra do apartamento seja mais vantajosa?

Considerando o aluguel uma renda perpétua, temos

$$300.000 = \frac{R}{0,008} \quad \Longrightarrow \quad R = 2.400,00$$

Portanto, o valor de mercado do aluguel do apartamento tem de ser superior a R$ 2.400,00.

Exercícios

6.1 Um empréstimo de R$ 5.000,00 será pago em 6 prestações mensais iguais. Calcule o valor das prestações considerando uma taxa de 1% am sendo que a 1ª prestação ocorre 30 dias após a liberação do dinheiro.

6.2 Eduardo efetuou 12 depósitos de R$ 1.000,00, sempre no início do mês, em uma aplicação que paga juros de 0,8% am. Qual o montante acumulado ao fim dos 12 meses?

6.3 Carlos deseja financiar seu carro novo que custa R$ 80.000,00 em 36 meses. A taxa cobrada pelo banco é 1,2% am. Quanto deve ser a entrada para que as prestações não ultrapassem R$ 2.200,00? Suponha que a 1ª prestação será paga 1 mês após a compra.

6.4 Suponha agora que Carlos, após 2 anos, voltou na agência para trocar de carro. A agência ofereceu R$ 50.000,00 pelo carro usado de Carlos na troca por um zero, assumindo o restante do financiamento. Calcule quanto Carlos obteve para a compra do novo carro.

6.5 Um apartamento de R$ 250.000,00 será financiado em 48 prestações mensais iguais com taxa de 1% am. Determine o valor das prestações se a primeira será paga 90 dias após a aprovação do financiamento.

6.6 Um empréstimo de R\$ 15.000,00 deve ser pago em 1 ano com os 3 primeiros meses de carência. Se a taxa de juros é 2% am, calcule o valor das 8 prestações mensais iguais nos seguintes casos:

a) os juros dos 2 primeiros meses são pagos no final de cada mês.

b) os juros dos 2 primeiros meses são incorporados à dívida mês a mês.

6.7 Lúcia comprou uma geladeira cujo preço é R\$ 6.500,00 em 8 prestações de R\$ 925,00. Qual a taxa de juros cobrada pela loja?

6.8 Uma empresa pegou um empréstimo de R\$ 300.000,00 com taxa de 2,5% am para ser pago em 24 prestações mensais iguais. Após o pagamento da 12ª prestação, a empresa a fim de reduzir o valor das prestações, renegociou novo prazo de 60 meses, mas agora com taxa de 3,5% am. Calcule o valor das novas prestações.

6.9 Uma instituição financeira informa que cobra taxa de 2% am em seus empréstimos. Entretanto, para elevar a taxa a 5% am, um percentual do empréstimo é retido antecipadamente no ato da liberação do dinheiro. Determine o percentual que deve ser retido para empréstimos de 12 meses. Suponha que o 1^0 pagamento ocorre 30 dias após a operação.

6.10 Resolva o exemplo 6.6 supondo que as prestações do 6^0 e 12^0 meses incluam as parcelas extras de R\$ 10.000.

Respostas

6.1 862,74

6.2 12.642,66

6.3 16.000,00

6.4 25.549,00

6.5 6.782,94

6.6 a) 2.047,65 b) 2.130,37

6.7 2,98% am

6.8 6.897,74

6.9 16,19%

6.10 8.668,43

Capítulo 7. Planos Equivalentes de Financiamento

Planos equivalentes de financiamento são formas **diferentes** de se pagar a **mesma** dívida. Dizemos que dois ou mais planos de financiamento são equivalentes quando seus fluxos de caixa forem equivalentes, lembrando que fluxos de caixa equivalentes são aqueles que possuem o mesmo valor presente a uma determinada taxa de juros.
Neste capítulo, estudaremos quatro planos de pagamento que são os mais comuns.
Para facilitar o entendimento, vamos explicar os quatro planos considerando um empréstimo de R$ 1.000,00 a ser pago em 5 anos com taxa de 5% aa.

PTF / Pagamento Total ao Final

Caracteriza-se pelo pagamento, no final do prazo, do montante $M = P(1+i)^n$ correspondente ao valor futuro do empréstimo.

data	dívida atualizada	juros	amortização	pagamento	dívida
0	-	-	-	-	1.000,00
1	1.000,00	50,00	-	-	1.050,00
2	1.050,00	52,50	-	-	1.102,50
3	1.102,50	55,13	-	-	1.157,63
4	1.157,63	57,88	-	-	1.215,51
5	1.215,51	60,78	1.215,51	1.276,28	0

Observe que o pagamento na data 5 é igual ao montante $M = 1.000 \times (1+0,05)^5 = 1.276,28$ que corresponde ao valor futuro de R$ 1.000,00.

PPJ / Pagamento Periódico de Juros

Características

- Os juros de cada período são pagos ao final do período.
- No fim do prazo, além dos juros do último período, o principal também é pago.

data	dívida atualizada	juros	amortização	pagamento	dívida
0	-	-	-	-	1.000,00
1	1.000,00	50,00	-	50,00	1.000,00
2	1.000,00	50,00	-	50,00	1.000,00
3	1.000,00	50,00	-	50,00	1.000,00
4	1.000,00	50,00	-	50,00	1.000,00
5	1.000,00	50,00	1.000,00	1.050,00	0

SISTEMA PRICE

Características

- Pagamento de n parcelas iguais calculadas pela fórmula $P = R \times \dfrac{1-(1+i)^{-n}}{i}$
- A amortização do principal é a diferença entre o valor da parcela e os juros do período.

Considerando o exemplo

$$1.000 = R \times \frac{1-(1+0,05)^{-5}}{0,05} \quad \Longrightarrow \quad R = 230,97$$

data	dívida atualizada	juros	amortização	pagamento	dívida
0	-	-	-	-	1.000
1	1000,00	50,00	180,97	230,97	819,03
2	819,03	40,95	190,02	230,97	629,01
3	629,01	31,45	199,52	230,97	429,49
4	429,49	21,47	209,50	230,97	220,00
5	220,00	11,00	219,97	230,97	0

SAC / Sistema de Amortizações Constantes

Caracteriza-se pelo pagamento de n parcelas constituídas dos juros do período + amortização do principal calculada pela razão entre o principal e o prazo de pagamento.

data	dívida atualizada	juros	amortização	pagamento	dívida
0	-	-	-	-	1.000,00
1	1.000,00	50,00	200,00	250,00	800,00
2	800,00	40,00	200,00	240,00	600,00
3	600,00	30,00	200,00	230,00	400,00
4	400,00	20,00	200,00	220,00	200,00
5	200,00	10,00	200,00	210,00	0

É interessante notar que, ao contrário do PTF, no PPJ, ao se pagar os juros do período, a dívida não aumenta e consequentemente os juros permanecem constantes. Já no Sistema Price e no SAC uma parte da dívida (amortização) vai sendo paga a cada período acarretando na redução dos juros. A diferença é que, no Price, o pagamento total é constante e a amortização aumenta a cada período enquanto que, no SAC, a amortização é constante, aumentando-se o pagamento total a cada período.

O PTF e o PPJ são usados para empréstimos de curto prazo e pequenos valores. Para empréstimos de altas somas e longo prazo, como financiamento de imóveis ou veículos, o Sistema Price e o SAC são mais adequados.

Os quatro planos apresentados neste capítulo são básicos. Pode-se construir variações a partir deles incluindo-se, por exemplo, o pagamento de parcelas extras, muito comum em financiamento de imóveis por construtoras. O importante é que os quatro planos são equivalentes no sentido de que é totalmente indiferente qual será usado para a quitação de uma dívida pois todos pagarão exatamente o valor tomado emprestado.

Jamais avalie planos de financiamento pelo valor total pago. Vejamos:

- PTF : 1.276,28
- PPJ : $4 \times 50,00 + 1.050,00 = 1.250,00$
- Price : $5 \times 230,97 = 1.154,85$
- SAC : 250,00+240,00+230,00+220,00+210,00=1.150,00

Comparando os valores totais pagos, o SAC parece ser o melhor plano e o PTF o pior.

O erro aqui é que os pagamentos não podem ser somados pois ocorrem em datas distintas.

A interpretação correta deve ser feita após o cálculo das aplicações a 5% aa dos valores que foram pagos em cada período. Vejamos:

- PTF : nenhum valor a aplicar

  $\text{total pago} = 1.276,28$
- PPJ : aplicação de 4 parcelas de 50,00

  $\text{total pago} = 50 \times 1,05^4 + 50 \times 1,05^3 + 50 \times 1,05^2 + 50 \times 1,05 + 1.050 = 1.276,28$
- Price : plicação de 4 parcelas de 230,97

  $\text{total pago} = 230,97 \times (1,05^4 + 1,05^3 + 1,05^2 + 1,05) + 230,97 = 1.276,28$
- SAC : aplicação das parcelas de 250,00 , 240,00 , 230,00 e 220,00.

  $\text{total pago} = 250 \times 1,05^4 + 240 \times 1,05^3 + 230 \times 1,05^2 + 220 \times 1,05 + 210 = 1.276,28$

Em todos os planos, o total pago foi de R$ 1.276,28, correspondentes ao valor futuro de R$ 1.000,00.

Exemplo 7.1

Construa a tabela Price referente a um empréstimo de R$ 5.000,00 a ser pago em 4 anos sabendo que a taxa de juros é 10% aa e que, além das prestações iguais, será paga uma parcela extra de R$ 1.000,00 ao final do 2^0 ano.

O valor financiado pelo sistema Price será de 5.000 menos o valor presente da parcela extra de 1.000.

$$VP_{1000} = \frac{1000}{(1+0,1)^2} = 826,45$$

$$5.000 - 826,45 = R \times \frac{1-(1+0,1)^{-4}}{0,1} \implies R = 1.316,63.$$

data	dívida atualizada	juros	amortização	pagamento	dívida
0	-	-	-	-	5.000,00
1	5.000,00	500,00	816,63	1.316,63	4.183,37
2	4.183,37	418,34	1.898,29	2.316,63	2.285,08
3	2.285,08	228,51	1.088,12	1.316,63	1.196,95
4	1.196,95	119,70	1.196,93	1.316,63	0

Observe que o pagamento na data 2 é igual a R + 1.000,00

Exemplo 7.2

Construa a tabela SAC de um financiamento de R$ 12.000,00 a ser pago em 5 anos com taxa de 10% aa, sabendo que nos primeiros 2 anos haverá pagamento apenas dos juros.

data	dívida atualizada	juros	amortização	pagamento	dívida
0	-	-	-	-	12.000,00
1	12.000,00	1.200,00	-	1.200,00	12.000,00
2	12.000,00	1.200,00	-	1.200,00	12.000,00
3	12.000,00	1.200,00	4.000,00	5.200,00	8.000,00
4	8.000,00	800,00	4.000,00	4.800,00	4.000,00
5	4.000,00	400,00	4.000,00	4.400,00	0

Exercícios

7.1 Calcule o valor das prestações de um financiamento de R$ 10.000,00 com taxa de juros de 1% am que deve ser pago no prazo de 10 meses, pelo Sistema Price e pelo SAC.

7.2 Construa a tabela de pagamentos de um empréstimo de R$ 5.000,00 a ser pago em 4 anos com taxa de 10% aa e tal que os juros serão pagos ao fim de cada ano e no final do 2^0 ano será também paga uma parcela de R$ 2.000,00 a título de amortização da dívida.

7.3 Um financiamento de R$ 100.000,00 com taxa de 1% am deve ser pago em 2 anos. Sabendo que a 1ª prestação vence 30 dias após a liberação dos recursos, calcule

a) o valor de cada uma das 24 prestações mensais iguais.

b) o valor da prestação mensal se, no final de cada trimestre, for paga uma parcela adicional de R$ 5.000,00.

c) o valor dessa parcela trimestral adicional a ser paga a fim de que a prestação mensal não ultrapasse R$ 2.000,00.

7.4 Um imóvel R$ 400.000,00 foi financiado pelo sistema Price em 30 anos com taxa de 1% am. A primeira parcela deve ser paga 30 dias após a aprovação do financiamento. Calcule

a) o valor das parcelas mensais.

b) os juros e a amortização do principal contidos na 1ª parcela.

c) os juros e a amortização do principal contidos na 240ª parcela.

d) a dívida remanescente imediatamente após o pagamento da 240ª parcela.

7.5 Um empréstimo de R$ 120.000,00 com taxa de 10% aa deve ser pago pelo SAC em 5 anos, com os 2 primeiros anos de carência. Construa a tabela de pagamentos desse empréstimo nos seguintes casos:

a) os juros dos 2 primeiros anos são pagos no final de cada ano.

b) os juros dos 2 primeiros anos são incorporados à dívida.

Respostas

7.1

Price : P = 1.055,82

SAC

P1 = 1.100,00 P2 = 1.090,00 P3 = 1.080,00 P4 = 1.070,00 P5 = 1.060,00

P6 = 1.050,00 P7 = 1.040,00 P8 = 1.030,00 P9 = 1.020,00 P10= 1.010,00

7.2

data	dívida atualizada	juros	amortização	pagamento	dívida
0	-	-	-	-	5.000
1	5.000	500	-	500	5.000
2	5.000	500	2.000	2.500	3.000
3	3.000	300	-	300	3.000
4	3.000	300	3.000	3.300	0

7.3 a) 4.707,35 b) 3.057,23 c) 8.203,50

7.4 a) 4.114,45 b) 4.000 / 114,45 c) 2.880,14 / 1.234,31 d) 286.779,31

7.5

(a)

data	saldo devedor atualizado	juros	amortização	pagamento	saldo devedor
0	-	-	-	-	120.000
1	120.000	12.000	-	12.000	120.000
2	120.000	12.000	-	12.000	120.000
3	120.000	12.000	40.000	52.000	80.000
4	80.000	8.000	40.000	48.000	40.000
5	40.000	4.000	40.000	44.000	0

(b)

data	saldo devedor atualizado	juros	amortização	pagamento	saldo devedor
0	-	-	-	-	120.000
1	120.000	12.000	-	-	132.000
2	132.000	13.200	-	-	145.200
3	145.200	14.520	48.400	62.920	96.800
4	96.800	9.680	48.400	58.080	48.400
5	48.400	4.840	48.400	53.240	0

Capítulo 8. Inflação

Inflação é o aumento generalizado dos preços de bens e serviços.

Em muitas situações, a taxa de juros efetiva utilizada nos cálculos financeiros inclui os efeitos inflacionários durante o prazo das operações financeiras. Por exemplo, uma parcela da taxa de juros da poupança se refere à inflação. Se tirarmos os efeitos da inflação da taxa de juros efetiva obtemos a **taxa de juros real** da operação.

Neste capítulo vamos aprender a incluir (em uma taxa real) ou excluir (de uma taxa efetiva) os efeitos da inflação, quando a taxa de inflação for conhecida a priori. Vamos ver também como trabalhar as operações financeiras quando a taxa de inflação for conhecida somente a posteriori.

Relação entre a Taxa de Inflação, a Taxa Efetiva e a Taxa Real

Se em um determinado período de tempo a taxa de inflação for I, um capital P corrigido por essa taxa produzirá

$$P' = P(1 + I)$$

Se neste mesmo período aplicarmos a taxa de juros real r ao capital corrigido P' obtemos

$$M = P'(1 + r) = P(1 + I)(1 + r)$$

A taxa de juros efetiva i é a taxa que aplicada ao capital inicial P produz o mesmo efeito conjunto das taxas real r e de inflação I.

Assim

$$P(1 + i) = P(1 + I)(1 + r)$$

Portanto, a relação entre as taxas efetiva i, real r e de inflação I é dada por

$$1 + i = (1 + I)(1 + r)$$

Exemplo 8.1

O gerente de uma loja constatou que uma determinada mercadoria estava há 6 meses em estoque. Sabendo que a inflação do período foi de 5% e que a margem de lucro da loja é de 10%, qual o novo preço da mercadoria se o preço original é R$ 100,00?

$P_{\text{orig}} = 100,00$ $\qquad$ $P_{\text{reaj}} = 100 \times 1,05 = 105,00$ $\qquad$ $P_{\text{novo}} = 105 \times 1,1 = 115,50$

ou

$1 + i = (1 + 0,05)(1 + 0,1) = 1,155 \implies i = 0,155 = 15,5\%$

Daí

$P_{\text{novo}} = 100 \times 1,155 = 115,50.$

Exemplo 8.2

Uma loja vende certo produto por R$ 120,00 à vista ou em 6 prestações mensais iguais com juros reais de 4% am. Supondo uma taxa de inflação estimada em 6% am, qual o valor das prestações?

$$1 + i = (1 + 0,06)(1 + 0,04) = 1,1024 \implies i = 10,24\% \text{ am.}$$
$$120 = R \times \frac{1 - (1 + 0,1024)^{-6}}{0,1024} \implies R = 27,75.$$

Exemplo 8.3

Uma loja cobra juros de 18% ao trimestre. Em um certo trimestre a inflação chegou a 12%. Qual foi o ganho real da loja?

$1+0,18=(1+0,12)(1+r) \implies r=5,36\%.$

Exemplo 8.4

No último mês certo investimento apresentou um rendimento total de 1,89%. Se a inflação foi 2,2%, qual a taxa real deste investimento no mês?

$1+0,0189=(1+0,022)(1+r) \implies 1+r=0,997 \quad \text{ou} \quad r=-0,003=-0,3\%.$

Inflação a Posteriori

Quando a taxa de inflação fica determinada somente no término dos períodos das operações financeiras, os cálculos são feitos ao final de cada período, após escolhida a taxa de inflação a ser utilizada.

Exemplo 8.5

Construa a tabela de pagamentos de um financiamento de R$ 1.000,00, pago em 5 meses com taxa real de juros de 5% am considerando o modelo Price. Suponha que em todos os meses o reajuste inflacionário tenha sido de 1% am, conhecido a posteriori.

Sem levar em conta a inflação, a prestação R seria fixa e dada por

$$1.000 = R \times \frac{1-(1+0,05)^{-5}}{0,05} \implies R = 230,97$$

Como a inflação ficou conhecida somente ao fim de cada período, a dívida e o pagamento devem ser atualizados.

data	dívida atualizada	juros	amortização	pagamento	dívida
0	-	-	-	-	1.000,00
1	1010,00	50,50	182,78	233,28	827,22
2	835,49	41,77	193,84	235,61	641,65
3	648,07	32,40	205,57	237,97	442,51
4	446,93	22,35	218,00	240,35	228,93
5	231,22	11,56	231,19	242,75	0

Observe que

- a dívida atualizada na data j é igual à dívida na data $j - 1$ multiplicado por 1,01.
- o pagamento na data j é igual ao pagamento na data $j - 1$ multiplicado por 1,01. O pagamento na data 1 é igual a $230,97 \times 1,01 = 233,28$.
- o pagamento na data j é igual à soma dos juros e amortização na mesma data.
- a dívida na data j é dada pela diferença entre a dívida atualizada e a amortização na mesma data.

Exemplo 8.6

Construa a tabela de pagamentos do financiamento do Exemplo 8.5 considerando o SAC.

Sem levar em conta a inflação, a amortização seria fixa e dada por

$$A = \frac{1.000,00}{5} = 200,00$$

Como a inflação ficou conhecida somente ao fim de cada período, a dívida e a amortização devem ser atualizadas.

data	dívida atualizada	juros	amortização	pagamento	dívida
0	-	-	-	-	1.000,00
1	1.010,00	50,50	202,00	252,50	808,00
2	816,08	40,80	204,02	244,82	612,06
3	618,18	30,91	206,06	236,97	412,12
4	416,24	20,81	208,12	228,93	208,12
5	210,20	10,51	210,20	220,71	0

Observe que

- a dívida atualizada na data j é igual à dívida na data $j-1$ multiplicado por 1,01.
- a amortização na data j é igual à amortização na data $j-1$ multiplicada por 1,01. A amortização na data 1 é igual a $200,00 \times 1,01 = 202,00$.
- o pagamento na data j é igual à soma dos juros e amortização na mesma data.
- a dívida na data j é dado pela diferença entre a dívida atualizada e a amortização na mesma data.

Exemplo 8.7

Construa a tabela Price de pagamentos de um financiamento de R$ 20.000,00 para ser pago em 5 anos nas seguintes condições :

a) Carência de 1 ano.

b) Pagamento de 2 parcelas adicionais de R$ 1.000,00 ao final do 2^0 e 4^0 anos.

c) Taxa real de juros de 5% aa e reajuste inflacionário de 10% aa.

Prestação sem a inflação

$$20.000 \times 1,1 \times 1,05 - \frac{1.000}{1,05} - \frac{1.000}{1,05^3} = 21.283,78 = R \times \frac{1 - 1,05^{-4}}{0,05} \Longrightarrow R = 6.002,28$$

data	dívida atualizada	juros	amortização	pagamento	dívida
0	-	-	-	-	20.000,00
1	22.000,00	1.100,00	-	-	23.100,00
2	25.410,00	1.270,50	6.432,01	7.702,51	18.977,99
3	20.875,79	1043,79	6.218,97	7.262,76	14.656,82
4	16.122,50	806,13	8.513,90	9.320,03	7.608,60
5	8.369,450	418,47	8.369,47	8.787,94	0

Observe que

- o pagamento na data 2 é dado por $R \times 1,1 + 1.000,00 \times 1,1$.
- os pagamentos nas datas 3 e 5 são dados por $R \times 1,1^2$ e $R \times 1,1^4$, respectivamente.
- o pagamento na data 4 é dado por $R \times 1,1^3 + 1.000,00 \times 1,1^3$.

Exemplo 8.8

Pedro pegou um empréstimo que quitou com 3 pagamentos de R$ 2.019,60, R$ 2.322,54 e R$ 2.787,05. Sabendo que a taxa de juros real cobrada foi de 5% am e que as parcelas sofreram reajustes inflacionários de 10%, 15% e 20%, calcule a quantia que foi tomada emprestada por Pedro.

Sejam $r = 0,05,\ I_1 = 0,10,\ I_2 = 0,15$ e $I_3 = 0,20$.

Então $i_1 = 1,05 \times 1,10 = 1,155$

$i_2 = 1,05 \times 1,15 = 1,2075$

$i_3 = 1,05 \times 1,20 = 1,26$

A quantia P tomada emprestada por Pedro equivale ao valor presente das parcelas.

Assim

$$P = \frac{2.019,60}{1,155} + \frac{\left(\dfrac{2.322,54}{1,2075}\right)}{1,155} + \frac{\dfrac{\left(\dfrac{2.787,05}{1,26}\right)}{1,2075}}{1,155} = \frac{2.019,60}{1,155} + \frac{2.322,54}{1,2075 \times 1,155} + \frac{2.787,05}{1,26 \times 1,2075 \times 1,155}$$

Portanto

$P = 5.000,00$

Exercícios

8.1 A inflação em um certo mês foi 1,73% e, no mesmo período, a caderneta de poupança rendeu 2,10%. Calcule a taxa real.

8.2 Um aplicador fez um investimento com taxa real de 0,8% am. Se a inflação foi de 1,75% am, calcule a taxa de juros efetiva.

8.3 Uma aplicação rendeu 2,44% em um certo mês. Um aplicador percebeu que a taxa real desta aplicação foi 1%. Calcule a taxa de inflação neste mês.

8.4 Joaquim tinha R$ 1.000,00 para comprar uma geladeira, mas preferiu aplicar o dinheiro a prazo fixo e, ao fim de 2 meses, resgatou R$ 1.018,00. Ao voltar à loja, Joaquim constatou que o novo preço da geladeira era R$ 1.020,00. Calcule a inflação do período e a taxa real da aplicação.

8.5 Construa a tabela do Exemplo 7.1 supondo uma taxa real de 5% aa e reajustes inflacionários de 10%, 12%, 15% e 20% nos 1^0, 2^0, 3^0 e 4^0 anos respectivamente.

8.6 Construa a tabela do Exemplo 7.2 supondo uma taxa real de 10% aa e reajustes inflacionários de 10%, 12%, 15%, 15% e 20% nos 1^0, 2^0, 3^0, 4^0 e 5^0 anos respectivamente.

8.7 Imite o exemplo 8.8 e confirme o valor presente do fluxo de caixa do exercício 8.5.

8.8 Calcule a taxa efetiva e o valor presente dos fluxos de caixa dos exemplos 8.5 e 8.7.

Respostas

8.1 r=0,3637%

8.2 i=2,5640%

8.3 I=1,4257%

8.4 2% / $-0,1961\%$

8.5 $VP_{1000} = \dfrac{1000}{(1+0,05)^2} = 907,03$

$$5.000 - 907,03 = R \times \frac{1-(1+0,05)^{-4}}{0,05} \implies R = 1.154,27.$$

data	saldo devedor atualizado	juros	amortização	pagamento	saldo devedor
0	-	-	-	-	5.000,00
1	5.500,00	275,00	994,70	1.269,70	4.505,30
2	5.045,94	252,30	2.401,76	2.654,06	2.644,18
3	3.040,80	152,04	1.483,33	1.635,37	1.557,47
4	1.868,97	93,45	1.868,98	1.962,44	0

8.6

data	saldo devedor atualizado	juros	amortização	pagamento	saldo devedor
0	-	-	-	-	12.000,00
1	13.200,00	1.320,00	-	1320,00	13.2000,00
2	14.784,00	1.478,40	-	1.478,40	14.784,00
3	17.001,60	1.700,16	5.667,20	7.367,36	11.334,40
4	13.034,56	1.303,46	6.517,28	7.820,74	6.517,28
5	7.820,74	782,07	7.820,74	8.602,81	0

8.7 5.000,00

8.8 Exemplo 8.5 : 6,05% am / 1.000,00 Exemplo 8.7 : 15,5% aa / 20.000,00

Apêndice
Uso Básico da HP12C

A HP12C é uma calculadora muito poderosa, que possui muitos recursos, podendo inclusive ser programada. Neste apêndice vamos apresentar alguns exemplos do uso da HP12C. O objetivo é mostrar como utilizar as funções básicas da calculadora.

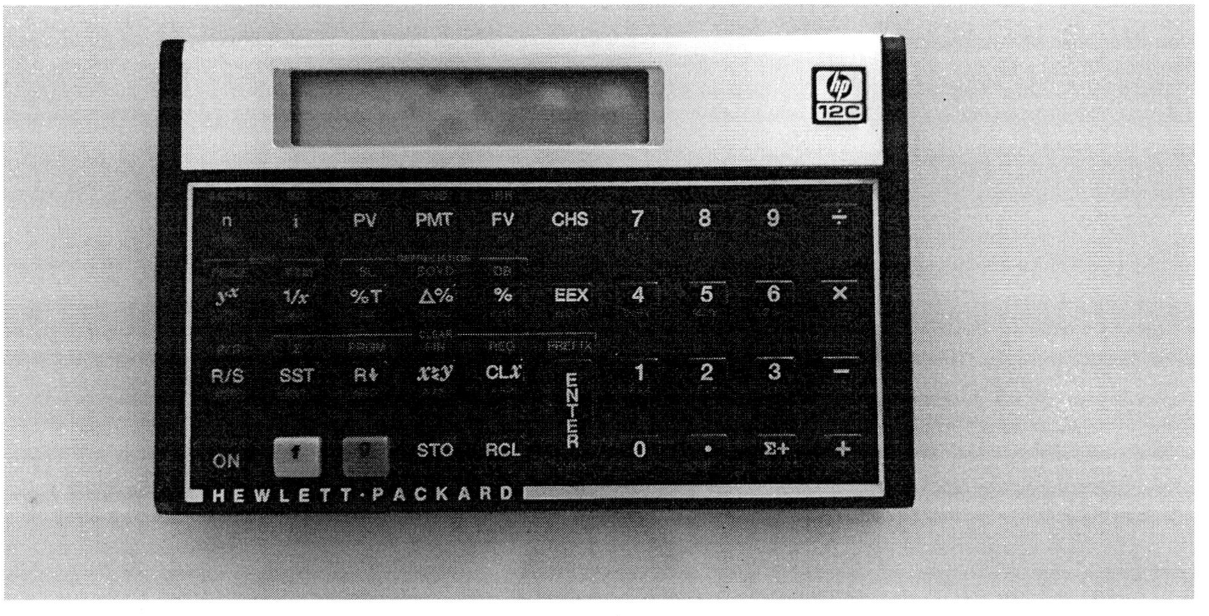

O Teclado

As teclas da HP12C têm 1,2 ou 3 funções. A função principal da tecla é indicada pelo caracter em branco na face superior da tecla. As outras funções são indicadas pelos caracateres em dourado acima da tecla ou em azul na face oblíqua da tecla. Para acionar a função principal, basta apertar a tecla. Para acionar a função especificada em dourado, aperta-se a tecla dourada f e depois a tecla correspondente à função desejada. Para acionar a função especificada em azul, aperta-se a tecla azul ■ primeiro.

Teclas de Uso Geral

[CLx] : limpa o visor

f [CLx] : limpa todos os registros

[CHS] : troca o sinal do número no visor

f [n] : fixa o número de casas decimais igual a n

[STO] [n] : acessa a memória de número n

[RCL] [n] : recupera o conteúdo da memória de número n

Operações Básicas

A HP12C utiliza uma lógica diferente da maioria das calculadoras para efetuar operações. Por exemplo, para calcular 4+5, pressione [4] depois [enter] depois [5] e finalmente a tecla [+]

Outros exemplos :

$7 - 3$	[7] [enter] [3] [−]	4
2×6	[2] [enter] [6] [×]	12

$8 \div 4$	[8] [enter] [4] [$\div$]	2
2^3	[2] [enter] [3] [y^x]	8
$\frac{1}{5}$	[5] [enter] [$1/x$]	0.20
$\sqrt{16}$	[16] [enter] ■ [y^x]	4
$\sqrt[3]{8}$	[8] [enter] [3] [$1/x$] [y^x]	2
e^2	[2] [enter] ■ [$1/x$]	7.3891
$\ln 7$	[7] [enter] ■ [%T]	1.9459

Cálculos em Cadeia

$2+5+3-6$	[2] [enter] [5] [+] [3] [+] [6] [$-$]	4
$(2+3)\times(1+4)$	[2] [enter] [3] [+] [1] [enter] [4] [+] [$\times$]	25
$\sqrt{3^2 \times 4}$	[3] [enter] [2] ■ [y^x] [4] [$\times$] ■ [y^x]	6

Usando a Memória

A sequência

[4] [enter] [STO] [1] [6] [enter] [STO] [+] [1] [RCL] [1] 10

armazena 4 na memória de número 1 depois acrescenta 6 nesta memória e finalmente recupera o resultado $4 + 6 = 10$.

As operações de subtração, multiplicação e divisão também podem ser usadas neste contexto. Basta usar as teclas [−], [×] ou [÷].

As Teclas [n], [i], [PV], [FV]

Essas teclas correspondem à fórmula de juros compostos $\mathrm{FV} = \mathrm{PV} \times (1 + \mathrm{i})^{\mathrm{n}}$.

Fornecendo três variáveis, a quarta pode ser facilmente calculada com o emprego dessas teclas.

Deve-se observar que a HP12C segue a convenção dos fluxos de caixa, isto é, valores positivos correspondem à entrada de capitais e valores negativos correspondem à saída de capitais.

Exemplo 3.1

100.000 [CHS] [PV] 1 [i] 18 [n] [FV] 119.614,75

A Tecla [PMT]

Essa tecla tem como função informar o valor dos pagamentos no caso de séries uniformes.

Se a série for antecipada, deve-se pressionar ■ [7] antes de efetuar os cálculos. A palavra begin aparecerá no visor. Se a série for postecipada, pressiona-se primeiramente ■ [8]. Nada aparecerá no visor. Este é o default da HP12C.

Exemplo 6.1

20.000 [PV] 8 [n] 3 [i] [PMT] 2.849,13

Exemplo 6.2

6 [n] 12.000 [PV] 1.800 [CHS] [PMT] [i] 2.2442

Exemplo 6.3b

■ [7] 10.000 [PV] 5 [n] 1 [i] [PMT] 2040,00

Fluxos de Caixa não Uniformes

Quando o fluxo de caixa contém capitais com valores distintos, estes devem ser introduzidos um a um com o uso das teclas ■ [PV] que informa o valor na data 0 (CF_0) e ■ [PMT] que informa o valor na data i (CF_i).

Exemplo

Calcular o valor presente do fluxo de caixa abaixo a uma taxa de 1% am.

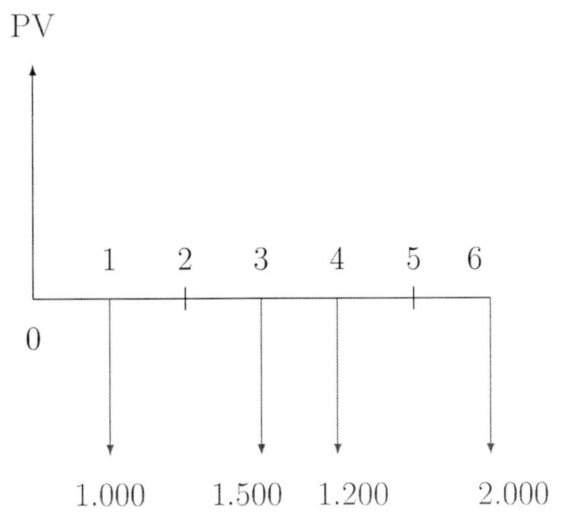

1 [i] 0 ■ [PV] 1.000 ■ [PMT] 0 ■ [PMT] 1.500 ■ [PMT]

0	1.000	0	1.500
↓	↓	↓	↓
CF_0	CF_1	CF_2	CF_3

1.200 ■ [PMT] 0 ■ [PMT] 2.000 ■ [PMT] f [PV] 5.483,25

1.200	0	2.000
↓	↓	↓
CF_4	CF_5	CF_6

Taxas Equivalentes

Exemplo 1

Determine a taxa mensal equivalente a 15% aa.

100 [CHS] [PV] 115 [FV] 12 [n] [i] 1,1715%

Exemplo 2

Determine a taxa semestral equivalente a 2% am

100 [CHS] [PV] 2 [i] 6 [n] [FV] 112.6162 $\Longrightarrow$ 12,6162%

Referências Bibliográficas

Puccini, Abelardo de Lima. Matemática Financeira - Objetiva e Aplicada. 7ª ed. São Paulo: Editora Saraiva, 2004.

Veras, Lilia Ladeira. Matemática Financeira. 4ª ed. São Paulo: Editora Atlas, 2001.

Araújo, Carlos Roberto Vieira. Matemática Financeira. 1ª ed. São Paulo: Editora Atlas, 1993.

Bodie, Zvi; Merton, Robert C. Finanças. 1ª ed. São Paulo: Bookman, 2002.

Lapponi, Juan Carlos. Matemática Financeira. São Paulo: Lapponi Treinamento e Editora Ltda, 1998.

Tosi, Armando José. Matemática Financeira com Utilização do Excel 2000. 1ª ed. São Paulo: Editora Atlas, 2000.

Carvalho, Sergio; Campos, Weber. Matemática Financeira Simplificada para Concursos. Rio de Janeiro: Editora Campos, 2007.

Morgado, Augusto Cesar; Wagner, Eduardo; Zani, Sheila C. Progressões e Matemática Financeira. Coleção VITAE. Instituto de Matemática Pura e Aplicada. Rio de Janeiro: Editora Wagner, 1993.

HP12C - Manual do Proprietário e Guia para Solução de Problemas. Rio de Janeiro: Hewlett-Packard, 1981.

Impressão e acabamento
Gráfica da Editora Ciência Moderna Ltda.
Tel: (21) 2201-6662